閫營日記

韓國學資料院

黃海兵營日記

壬寅十一月十一日政以摠管[illegible]余拜本職

十二日晴 國忌齋戒入闕[illegible]恩

十三日晴 國忌齋戒

十四日晴 國忌齋戒

十五日晴 國忌齋戒

十六日晴 國忌正日

十七日晴

十八日晴

十九日晴

黃州兵使沈能岳日記

憲宗八年

二十九日陰申量洒雨移時而止內行次都色李承祖甘
嘗金達亨現身
三十日陰三度告目使令現身
十二月初一日晴未明入 闕辭 陛 內賜弓箭胡椒
祗受出後新門外下處諸親知來見作別出宿
初二日晴留住 [illegible]
初三日晴未明離發家兒陪行到高陽五里 [illegible]
青黑呈公狀還送下處執事廳開城留 [illegible]
京路入處入吏廳使偏人傳唱故就見敘話 [illegible] 中火
後離發到紫谷連山宅少憩後 山所掃墳轉就金川

二十日陰午量始雨霏洒

二十一日陰宿雨終日不止

二十二日陰新延吏房營吏崔允者刑房[illegible]一家

各項下人現身

二十三日陰宿雨不止鎮撫河龜龍禮[illegible]身

二十四日晴

二十五日晴出就楊花島金政丞護喪所致弔而還

二十六日陰

二十七日晴再度告目使令現身

二十八日晴

及草料戒送金川越站仍向平山到五里程平山府使
李往張金郊察訪李昌庭望令扶還送營將出待之於
棄目除之邑中軍具甲冑率領大旗幟結陣待候昀賊
共三次令傳關隸門到下處衛東軒坐起節次除之而
經邑時令察訪公私禮已爲除之故平山府使金[illegible]
訪問安入見上宿
初六日晴 國忌齋戒平山府使金郊察訪並為來會張
元植到界問安次邊送巡營平明離發到[illegible]
奠後就別堂中火到瑞興五里程本府使韓[illegible]敎呈狀
狀還送善績僉使安道濂[illegible]已萬戶鄭德基大風別將

宪喪所吊問後到新店潭陽宪喪所吊問到坡州本牧
使金善承以捧還事往北漢来見止宿[illegible]
初四日晴 國忌齋戒開東離發到長湍[illegible]
許祭呈公状還送下處人吏廳入見中火[illegible]擧燭
到開城府五里程本營執事營吏鎮撫稟目[illegible]後退
待豆石陽後營平山執事現身呈稟目[illegible]起擧行事
題送金川郡守金鎰来留松營馳進入見止宿
初五日晴 國忌正日未明離發到青石關執事營吏鎮
撫等排立軍物迎候到餅店站中火各邑驛鎮城到界
公狀并還送鳳山李同和龜年金主簿寅駿軍官傳令

里程呈公狀還送下處衙東軒坐起除之兩鎮將廷
命禮使裨󠄀晉受本官及兩鎮將除初謁禮入見審藥高
鎭鴻自營門来現中營執事禮貞稟定次現身出待依
例為之坐起節次除之○意題送止宿
初八日晴 國忌齋戒本郡守兩鎮將入見来明離發到
洞仙關舊使亦至矣相與叙懷交龜後来[illegible][illegible]程
本牧使上京虞候金周永正方別將鄭[illegible]錫並[illegible]狀還
送下坐依幕處虞候以兼中軍率領太旗職與甲胄旗
陣待候改服上馬號令吶喊共三次令傳聞轅門 諭
書上龍亭虞候正方別將遠望 祗迎先導館所廷

崔天岳出待五里程呈公狀還送下處衙東軒坐起禮數
除之三鎭將延 命禮使裨[illegible]受本倅及三鎭將除初謁
禮入見前營鳳山執事禮貞稟定次現身叺除之[illegible]意
題送新差軍官李龜年全寅駿来現[illegible]自營
門来現止宿 [illegible]
初七日晴 國忌正日本府使入見軍官李龜年全寅駿
使之前陪離發之路訖俞校理鎭五匪所移時叙話作
別發行欽水中火後到鳳山五里程鎭撫通引妓生吸
唱首奴羅卒等現身本郡守李元熙呈五里程公狀還
送東里僉使李環溥䆁山僉使趙駿根具甲胄出待五

公狀入見下直軍官張元植自巡營還
十一日晴虞候来見運籌軒小坐趍衙班禮數除之隨營
牌纔入防禦縣山僉使趙駿根馳進呈公狀入見下直
午後設大風樂夜深而罷
十二日陰微雪飛灑夜央大下審藥高鎭鳴来[illegible]營[illegible]步
價布中縣次定送金川仍為上京文城僉使李逢春馳
進延命禮使裨晉受除公私禮呈公狀入見下直
虞候来見軍官張元植因事往瑞興
十三日晴虞候来見
十四日晴虞候来見甘營宋學啓自巡營還現到營公狀

命禮使裨脊受直到運籌軒營州各班現謁以仕官例
擧行虞候正方別將除初謁禮入見
初九日晴 國忌正日虞候褊裨以下營州各班問安正
方別將入謁下直交龜狀 啓到營狀 發[illegible]貼頭
啓封裹陪持金仁宅賚奉上送甘嘗床學路五營公
狀呈納次定送巡營
初十日晴虞候褊裨以下營州各班問安運籌軒坐起
中軍以下營州各班次次禮數下人等點考入防將官
甲日及隨營牌褟饋分付中營脊監大覡別將崔天岳
到任狀 啓封裹付撥上送東里僉使石環淳馳進呈

送金川關西 箋文差員嘉山郡守尹致誼入慶城外
旅店備送朝夕飯供馳進私遐來見別賞射分付中營
督監軍官沈能沃自江東來
十八日晴長壽別將劉漢邦馳進延 命禮使裨替受除
公私禮入見仍下直
十九日晴
二十日晴虞候來見軍官張元植自瑞興還入防禦營中
日及軍兵等犒饋分付中營督監
二十一日晴風雪終日大作軍兵等分付先入物
二十二日晴牧使金晋教自京還官除初謁禮入見營吏

還送陪持金佺宅自京還現
十五日晴褊裨以下各班問安除之望 闕禮[illegible]傳下人
點考後日次題下虞候来見
十六日晴虞候来見来癸卯正朝 [illegible]
大殿 [illegible]
大王大妃殿 箋文各一度封裹與虞候下處祇送領撫
金弘燮校生金啓一賫送巡營方物謄狀封裹方物色
吏河龜龍下直上京
十七日晴虞候来見来正月當上番騎兵狀 啓封裹陪
持蔡學周賫奉上送營吏孔敬國上番騎兵中點次之

使　匪夻甘紅露五鐥民魚二尾石魚三束脯二貼
內燭一百柄付送瑞興俞校理　匪夻甘紅露五鐥
民魚二尾石魚三束脯二貼內燭一百柄付送各鎭城
邊將正朝問安除之〻意分付防奸而巡營正朝問安
除之事私通來到
二十六日陰雨雪大作善積僉使安道源馳進軍[illegible]各
成給校刺後下直文山萬戶朴東赫馳進遂僉禮使
裨督受除公狀入見仍下直
二十七日晴持印宋得啓正朝公狀呈納次定送巡營諸
色軍歲秋　御覽及狀　啓封裹定驛子賫送巡營午

金楷良舊等陪行後還現
二十三日晴 國忌齋戒小坐起褊裨以下各班禮數除
之隨營牌等縣考鎭撫金弘變自延營還現九月別將
趙得良馳進延 命禮使裨將受除初謁禮呈以狀以
見仍下直分付朝夕飯供 [illegible]勅
二十四日晴 國忌正日前等 啓錄封表陪持金養祿
賚封上送軍官沈宜鳳因事往順安營吏兆敬國自金
川還現
二十五日晴虞候來見料試射令付中營沓晝牧使來見
正方別將鄭啓甲馳進呈公狀入見仍下直文化尹水

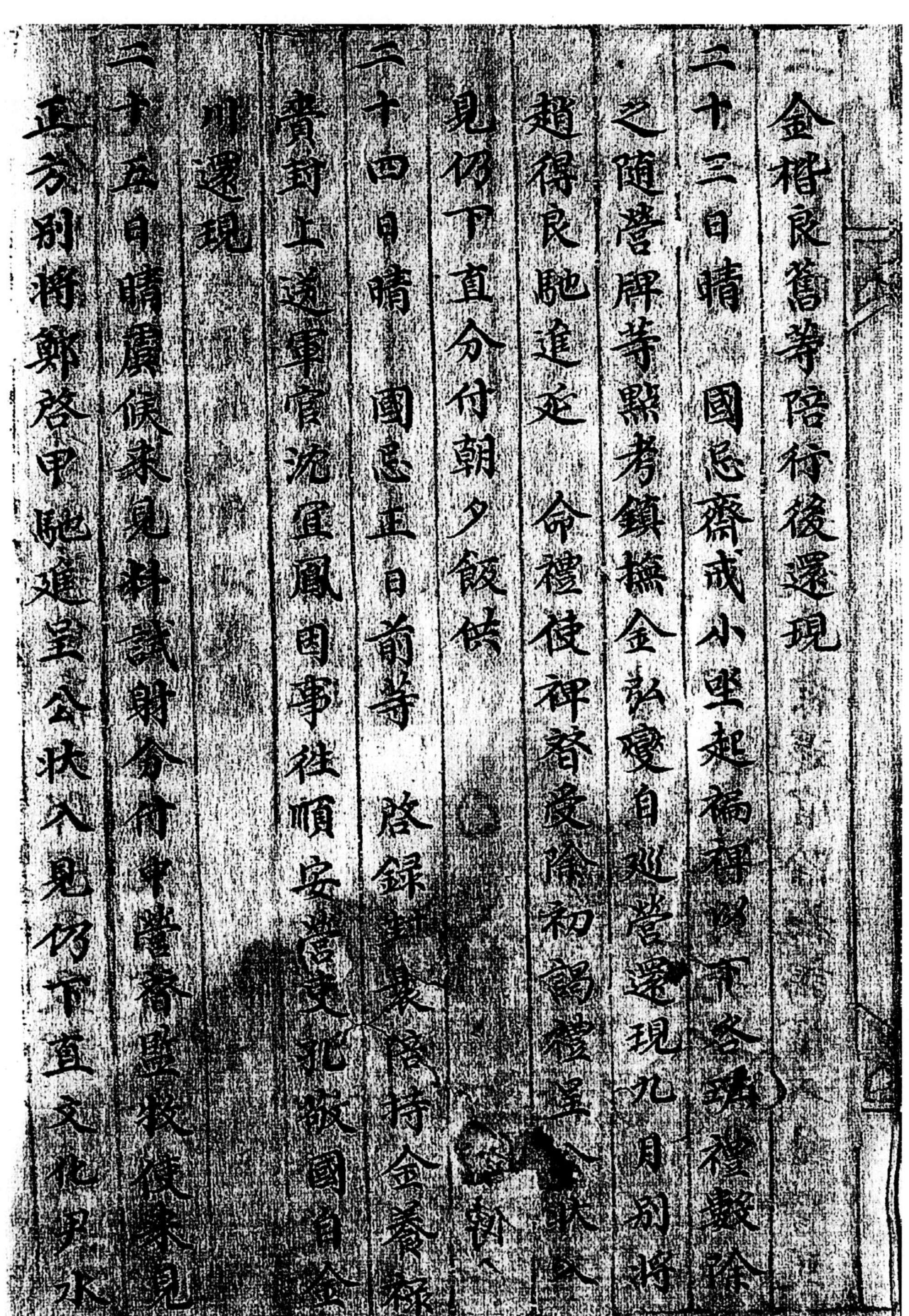

郡守李元熙馳進除公狀入見兩時飯供載寧妓桂心

下直錢十兩草二斤民魚一尾帖下龍津幕黄郎廳

来見飯供

二十八日朝陰晚晴到營今滿五十日之限告壬寅秋冬

等褒貶狀 啓封褒陪持察學周賫奉上送于郡府

私遝叅見下直龍津幕黄郎廳 下直

二十九日陰軍官沈冝鳳往江東鎮幕金五衛所 下

去之路来見十時飯供

三十日晴 國忌齋戒

二月初一日陰微雪 國忌正日 賡侯福祥以下各班問

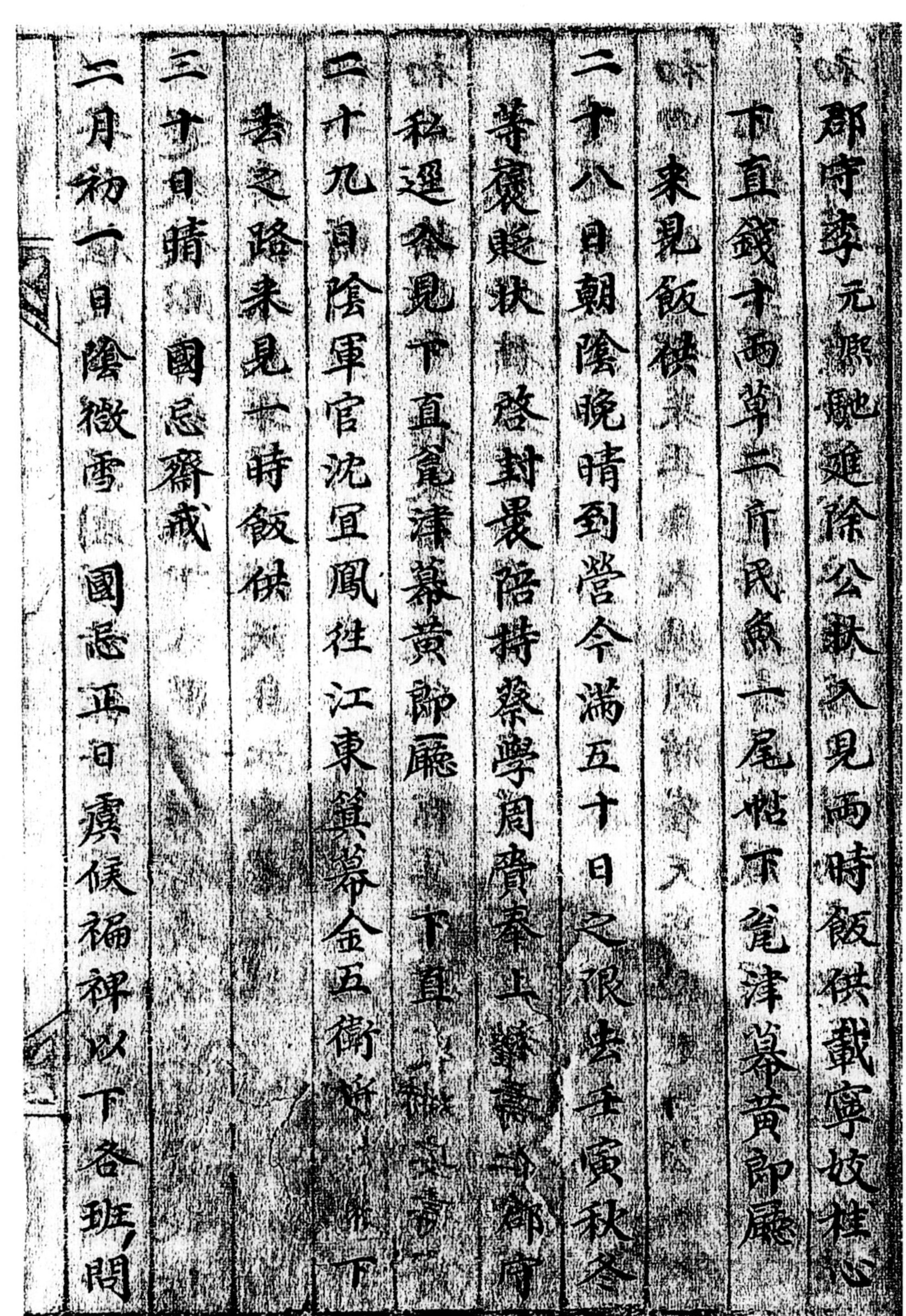

二十二日晴順安縣令金元植赴任路入處旅店備送飯
供李海南　蒙宥上去一時飯供
二十三日晴廣候来見鳳山全主簿東駿来
二十四日晴
二十五日晴料試射使廣候嗇監載寧妓桂[illegible]妓
樂入夜消暇　玆鳳山[illegible]
二十六日晴軍官權壽仁往箕營軍官張元植自廵營還
陪持金陽禄自京還現肅川府使金　銀德川郡守趙
台海自京下去路入處旅店並兩時飯供
二十七日晴位羅萬户到任狀　啓封褁付撥上送鳳山

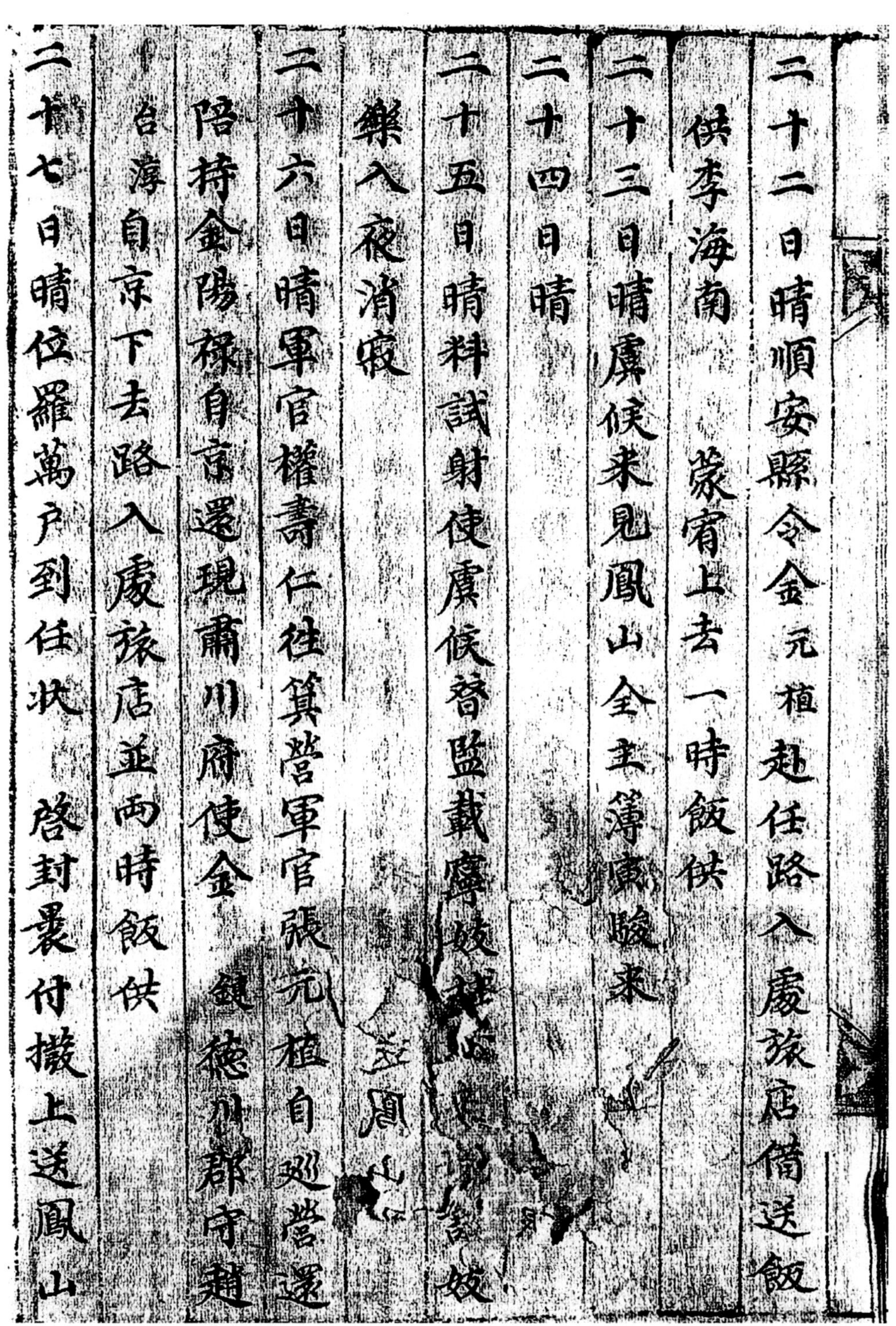

毅祥沓長除公私禮呈公狀入見仍下直蘇山僉使趙
駿根善鎭僉使安道源私還入見東里僉使石璟溥呂
萬戶鄭德基正方別將鄭啓甲以 嘉祭差備馳進呈
公狀入見獻官以廣俟代行事分付宣川府使李宣植
遞歸路入處旅店備送晝物朝夕飯供軍官張元植還
分次社新倉
初六日晴陰迭作微雪間霏 嘉祭正日各差備鎭將入
見下直廣梁候來見鎭撫河九龍自京還現
初七日晴鐵山前官李熙忠順安縣令金元植上京路入
處旅店並備送午飯

安徐禮日出以黑團領詣館所與慶候行望 闕禮罷
還教使以身病未參下人點考權得去秋冬等褒貶推
移慶候來見軍官沈能沃自江東還
初二日晴
初三日陰微雪 釋菜齋戒家兒上京軍官韓道璘安壽慶
坐鳳山偕往啓特參學周自京還現軍官權壽仁自鎮
營還慶候來見
初四日晴 釋菜正日大峴別將崔天岳馳進呈公狀入
見仍下直軍官韓道璘安壽慶自鳳山還
初五日晴 釋菜齋戒位羅萬尹權炳彥馳進延 命禮

十三日晴各倉還上分給虞候来見
十四日晴 國忌齋戒
十五日晴 國忌正日虞候褊裨以下各班問安除禮日
出以黑團領詣館所與虞候行望闕禮而還牧使以
身病未參各班點考權停虞候来見
十六日晴 國忌齋戒金剛山長安寺僧漢裕長錢十五
兩勸善帖下朔州吏金京哲自京下去鄭曾康所送
民魚二尾石魚二束撥送射貫革二巡
十七日晴 國忌正日 武暇齋戒別賞射使虞候都監
來月當番騎兵上番狀 啓封裹陪持金陽祿賷奉上送

初八日晴 平安中軍李時榮赴任路私邀入見備送別味

朝夕飯供

初九日晴 軍官沈能泳往江東 江東使令一名持馬鞍來

現

初十日晴 食後諸鄕校改服入庭四拜使執事焚香四

拜禮畢而出 坐明倫堂齋生呈名啣 仍見守僕呈古風

錢五兩田米一石帖下 回路見本官而還 廣候來見

十一日晴 軍官張元植自新倉還

十六日晴 軍官安壽慶聞其親病上來 軍官張元植來見

當騎步價布中點次定送金川

二十一日晴是日 親忌日也 追慕感愴 虞候褊裨以下
各班問安 除禮回還 冬至使行今月初六日北京離發
事先來過去 虞候來見 訓校金壽聃來現 備饋酒糆肉
千摠吳亨得軍營所改建材木烙斫次定送 善績
二十二日晴 從孫江東自任所來 軍官沈宜鳳偕來 牧使
來見
二十三日晴 國忌齋戒 虞候來見 江東上京 午後往見
本官回路轉入中營 通引吸唱等呈古風錢五兩帖下
營吏金構良自金川還現 將校遞應元本州請報材木
烙斫次定送所已

營吏金構良騎兵中點次定送金川族譜廳璿源錄廳應叅無乎單子各一度封裹巡營呈單子持印吳達文賫送虞候来見瑞興府使韓正教率内行永柔去路私還入見仍下直并備送別味及午飯

十八日晴 武暇正日祥原郡守趙羲豊陪内行上京路入處旅店備送別味昏後祥原倅私還入見并内行朝夕飯供

十九日陰辰量始雨或霏或洒未量止

二十日晴 武暇齋戒虞候牧使来見軍官張元植自金川還

候来見
二十八日晴軍官張元植巡審離營問安次定送巡營譯
學李禮懋延 命次往巡營軍官草料成給陪持金陽祿
自京還現軍官權壽仁自箕營還定州內行自京下去
路入處旅店備送別味朝夕飯供射貫革三巡
二十九日晴食後訖李校理匪所牧使亦至故相與談話
轉登月波樓周覽而還瑞興內行自永柔還衙而入處
旅店備送別味及午飯千摠崔在寔蒜山鎮聚點後還
現
三十日晴 式暇齋戒道先生碑洞金 判府事 大監

二十四日晴 國忌正日虞候牧使来見千摠吳亨得自
善績還現
二十五日晴料試射使虞候晉監牧使来見将校朴仁甲
所已請報村木烙斫次定送所已
二十六日晴軍官權壽仁往箕營執事李光美燕連般粟
執事趙容蘭新溪官鎮門聚點次定送将校邊應元自
所已還現順安縣令金元植陪内行自京下去路入處
旅店并備送別味及午飯
二十七日晴瑞興府使韓正教自永柔還官路私邀入見
仍下直備送別味及午飯将校朴仁甲自所已還現虞

初三日晴虞候牧使来見寒感中添以闗格不得出待事
報狀使執事金履衡賫送于巡部宿所站沙里院執事
李光洵麄栗長連官門聚點後還現肅川府使
赴任路入慶城外旅店故飯供軍官張元楨自巡營還
軍官權壽仁自載寧還
初四日陰 國忌齋戒虞候来見執事金履衡自沙里院
来現而巡營呈病狀以到付題来巡察使巡到本州呈
五里程叅状迎 命禮病不得叅有識甚未安之意使
裨傳喝備進別味進支信川郡守決在果以都會白日
場試官馳進病不得接見之意傳喝往復備送別味飯

祠守自寧邊上來時陪行次營吏金構良定送訓校金
壽聃三手錢畢捧下直虞候來見
三月初一日陰　國忌齋戒望　闕禮權停是日即　生
祖母忌日也夜哭出執事廳望哭而還自朝忽發嘔吐
大痛各班點考後日次題下細雨終日霏洒入夜而止
虞候來見軍官權壽仁巡審中路問安次定送武寧
初二日晴　國忌正日虞候牧使來見遂安請報木烙給
後文城雪壓松摘奸次將校安弘宜定送谷山遂安等
二地寧邊府使金昌集上去路內行次一時入處城外炭
幕故備送別味朝夕飯供傳喝往復

果永馳進病不得接見之意傳喝往復朝夕飯供
初十日陰虞候來見長淵縣監自外問病而去安州牧使
洪鍾英江西縣令洪鍾膺上京路入慶城外旅店傳喝
往復并飯供軍官安壽慶自京回還寧邊府使金昺集
交龜後上去路入慶城外旅店傳喝往復朝夕飯供
十一日晴 式暇齋戒虞候來見洪書房上京
十二日晴 式暇正日 虞候來見家兒自京下來
十三日晴虞候牧使來見
十四日晴虞候來見從浦萬戶趙存弼赴任路來見備送
別味饌供給民魚二尾石魚二束錢文五兩

供

初五日陰風雨大作申量止 國忌正日虞候来見

初六日晴巡察使當日離發而有妨慎攝不得来見之意

使裨傳喝寧邊府使金鼎集交龜次還下去路入慶城

外炭幕故傳喝往復飯供

初七日晴虞候牧使来見

初八日晴 國忌齋戒虞候牧使来見肅川府使金鍵陞

拜晉州兵使上去路来見下處執事廳備送別味飯供

初九日晴 國忌正日虞候牧使来見寧邊新府使趙載

永赴任路入慶城外旅店備送別味飯供長淵縣監趙

使負馳進私還入見虞候来見鳳山郡守李元熙以都

差使負馳進病未接見備送別味飯供

二十日晴牧使鳳山倅来見平山府使李仁泳以都差使

負預差馳進私還入見飯供仍下直招致歌客俞昌祿

聽歌詞一場

二十一日或晴或陰正方民李德淳等捉納一虎軍官韓

道爀自平壤回還

二十二日乍陰乍晴風雪交作鳳山倅来見俞昌祿下直

錢二兩帖給執事趙容蘭自中和還現鳳山倅金鄰察

訪来見

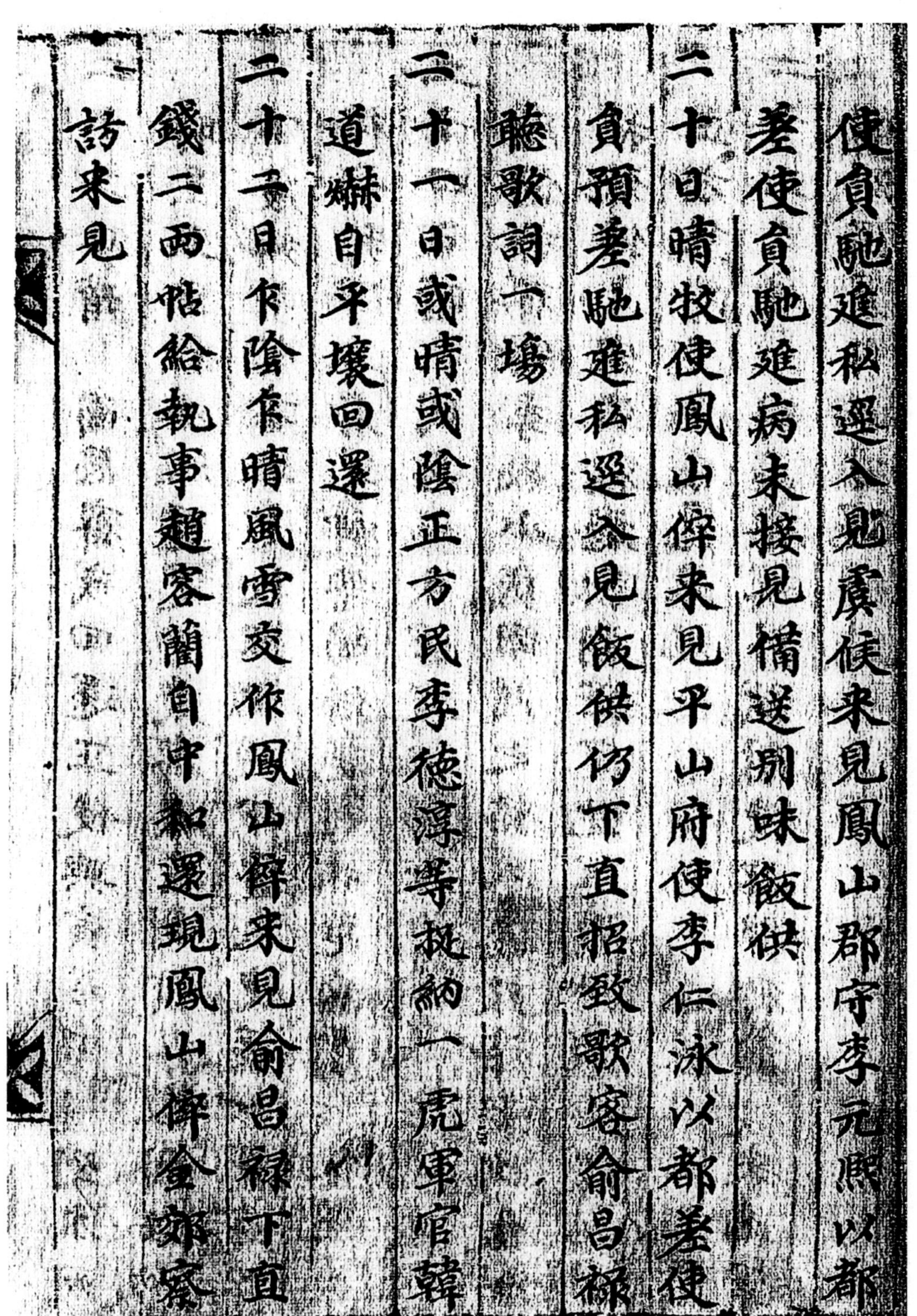

十五日晴是日 幸行日也望 闕禮權停褊裨以下各
班問安下人點考除之善績僉使安道源来見
十六日晴善績僉使下直弁從孫江東倅自京下来虞候
来見
十七日陰江東倅辭去賞試射虞候督行後入見
十八日陰京畿白雲寺化主僧戒慝等處錢十五兩勸善帖
給
十九日晴軍官韓道璘回還使行問安次定送平壤執事
趙容蘭書狀官行中傳喝次定送中和營吏朴啓喜元
錫五等使行陪行次定送金郊察訪李昌廷以夫馬差

二十六日陰 國忌正日 虞候來見
二十七日晴 鳳山李中軍 來現箕營吏金宗麗下直
軍官沈宜鳳返葬次往順安食後設大風樂終日消遣
二十八日晴 東里僉使石璟淳呈公狀入見虞候來見延
安康翎長淵保米太載船狀 啓封裏付撥上送鳳山
李中軍 下直 忠清道永同姜生員來見
二十九日晴 國忌齋戒 虞候來見京中鄭書房來見
三十日晴 國忌正日 永同姜生員辭去錢十兩民魚一
尾石魚二束西草二斤給送民魚一尾石魚二束西草三
斤脯一貼付荅侄女

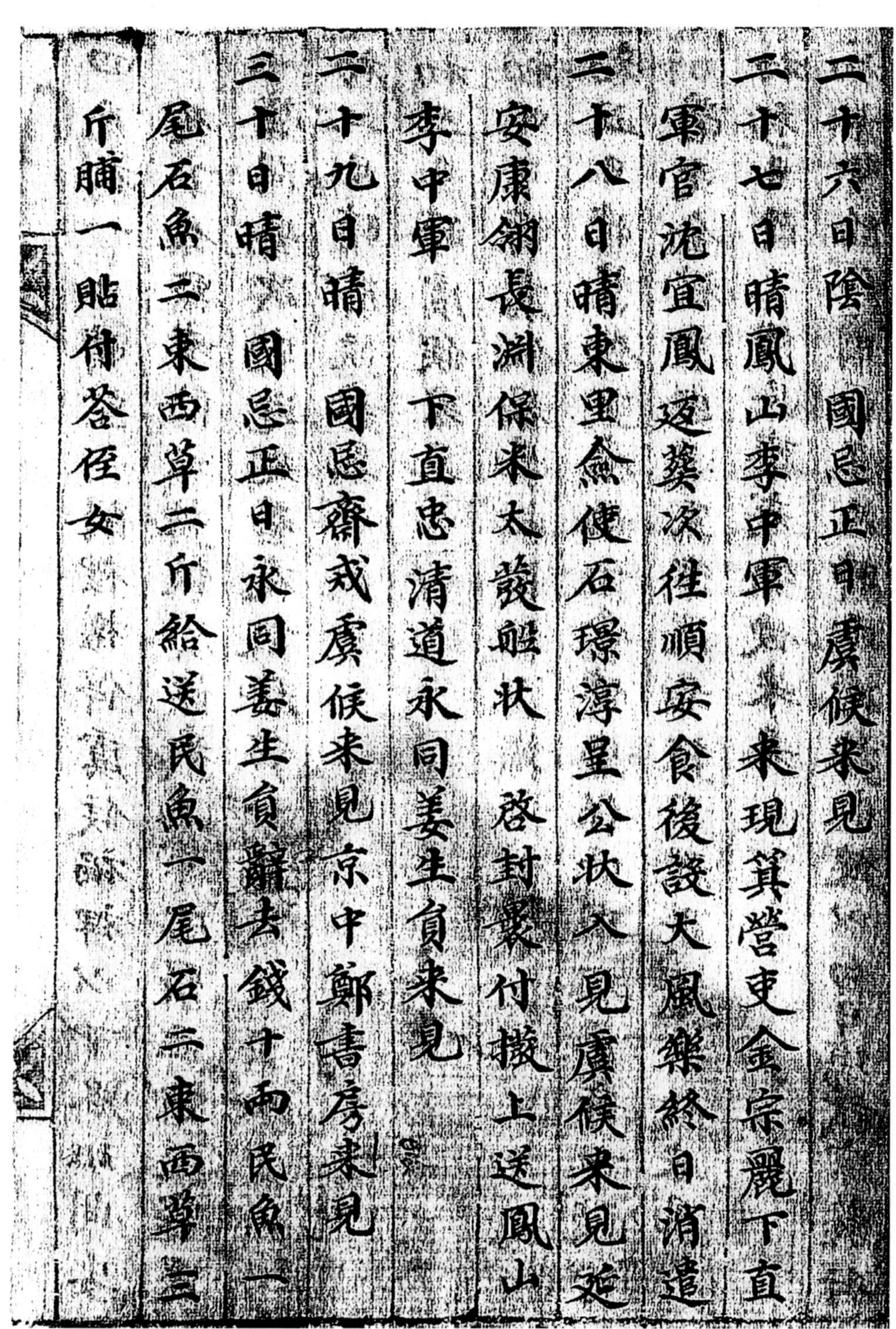

二十三日晴 國忌齋戒回還正使興寅君最應到本州
時呈五里程公狀還送下處齋安堂副使李參判圭祊
下處鄕射堂書狀趙校理鳳夏下處人吏廳以身病不
得晋拜事各房送裨傳喝備送别味進支虞候來見
二十四日晴 國忌正日軍官沈能洪自江東回還成川
府使朴齊憲季氏小成到門之路入處旅店朝夕飯供
招致倡夫宋興祿聽歌詞軍官沈宜夏鉄瓮者製次往
正方集營吏金宗麗來現
二十五日晴 國忌齋戒料試射使裨督行虞候來見軍
官沈宜夏自正方還

迎營自川平山金川保米太發船狀 啓封覓付撥上
送
初八日宿雨快晴虞候来見午後設大風樂
初九日晴軍官張元植新倉々舍修改次往正方
初十日早晴晚陰首陽別將吳撒翰馳進呈公狀入謁仍
下直
十一日晴虞候来見
十二日陰軍官吳德璜来月當價布中點次定送金川仍
爲上京江界新府使俞章煥赴任路来見備送別味及
飯供

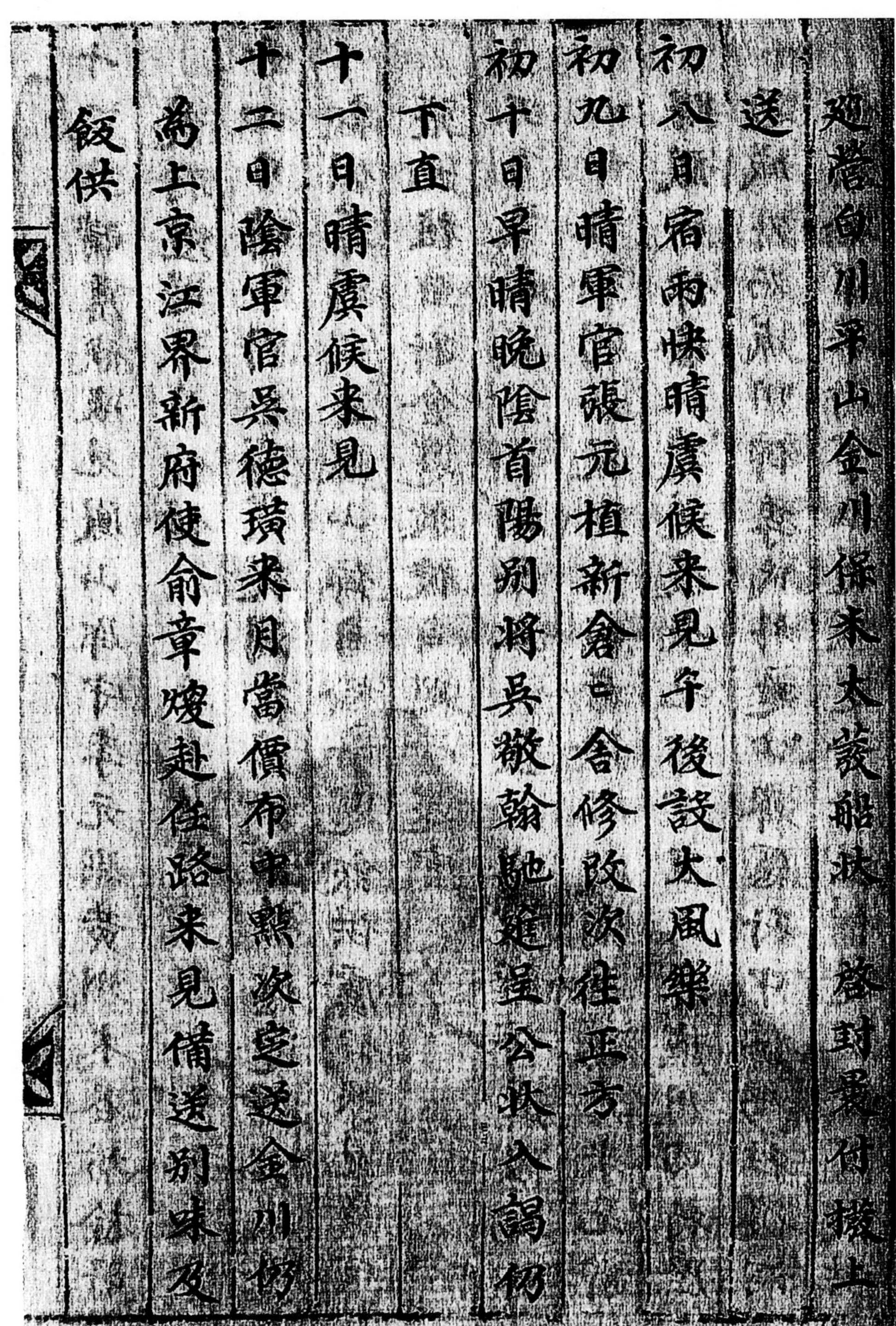

四月初一日晴望 闕禮權停 虞候褊裨以下各班問安
及下人縣考除之 牧使虞候來見 軍官張元植 巡營還
營問安次還送 巡營 夜設穩笛一場
初二日晴 虞候來見
初三日晴 虞候來見
初四日晴 虞候來見
初五日晴 舊使下來 子舍慱川任所事有京奇 故陪行
營吏金楷良還送 軍官張元植自巡營還 虞候來見
初六日陰 園忌齋戒 牧使來見
初七日陰 國忌正日 時雨滂沲 牧使以白日場試官發行

廣侯牧使来見

十六日晴舊使中路迎候次首執事及各下人等下直傳

喝以送

十七日晴賞試射使裨晉監騎兵上番狀 啓封裹啓持金

仁宅賚奉上送暫出裨將廳見兵裨病陪下人等呈古

風錢十两帖給舊使直到東軒移時叙話下處鄉廳別

味及朝夕供備送營吏金構良騎兵中點次定送金川

十八日晴往見舊使作別轉至中營又歷入李校理下處

暫話而還軍營將年久圯毁今將改建故乘肩輿往觀

歷見工房役所

十三日晴 虞候来見 鳳山郡守李元熙 黄州木谷坊檢所
發行歷過城外飯供
十四日晴 國忌齋戒 從浦舊萬户尹善應 遆歸路来見
飯供草料成送 鳳山倅自檢所還 飯供 虞候来見 軍官
張元植自新倉還 牧使自巡營還官
十五日或晴或陰 國忌正日望 闕禮權停 虞候褊裨
以下各班問安及下人點考除之 從浦舊萬户来見辭
歸 鳳山倅檢秩發送後来見 仍下直上来 成川内行歷
過城外而成川倅李氏朴進士齊憲行中傳喝社復洞
仙嶺轎軍等待事私通成送 一行並備送別味及飯供

都案磨勘次定送

二十五日晴料試射使裨將行虞候来見堂侄襄陽下去

江東路歷到本營而尹生員　偕来牧使来見

二十六日陰雨間霆虞候牧使来見堂侄及尹生員齊會

東軒設大風樂備進別味及煎鉄

二十七日或晴或陰虞候牧使来見堂侄襄陽及尹生員

辭往江東家兒偕行陪持金仁宅自京還現

二十八日晴鄭書房上京本官子舍登科當日下来食後

就見牧使虞候鳳山郡守齊會自本官進別味正方別

將入謁移時而還使令尹三時書簡傳納次定送箕營

十九日晴虞候来見食後往見牧使登竹樓少憩而還少

選牧使来見營吏金楷良舊使陪行後還現成川府使

朴 上京路歷過城外備送別味及飯供

二十日晴夕招入過去兒倡聽打詠一場消寂

二十一日陰虞候来見

二十二日陰雨霏微

二十三日晴虞候来見黃州新恩出身鄭安濟李東雲池

處三金恭寛入謁呼新来延迎營吏金構良自金川還

現

二十四日晴虞候牧使来見營吏金楷良式年三軍門改

舍来見
初四日晴 國忌正日 虞候来見 午後就太虛樓觀脚戲
多勝者白木一疋帖下之次者扇子一柄帖給而還 酉
量灑雨
初五日晴 國忌齋戒 虞候来見
初六日晴 國忌正日 牧使来見 禁衛停番軍限三年仍
停收布事知委各邑形止狀 啓封裹付撥上送 江界
舊防禦使李濟完遆任上去路入處旅店備送別味及
午飯 阿耳僉使柳相賀遆任上去 西時飯供 鎮撫袁光
會使令金陽植封物領納次定送京城

二十九日晴 虞候鳳山郡守来見

五月初一日晴 虞候褊裨以下各班問安除禮平明以果
園領諸館將與虞候牧使行望 闕禮而還各項下人
等點考午量驟雨暫灑

初二日晴巳量驟雨暫灑

大王大妃殿 誕日箋文一度封裹與虞候下庭祗送校
生李基老鎭撫金義淵賫送巡營永柔縣令李壽寧內
行上京路入慶本州訓導廳並備送別味兩時飯供永
柔倅来見

初三日晴 國忌齋戒各班下人等慶節箋分給本官子

時縈李氏歷路来見西時飯供使令李在官自京還現
十三日晴牧使来見午後登撫劒亭射貫革三廵而行自
鳳山藥水還軍官沈宜夏偕還
十四日陰虞候来見安幕李郎廳　来見飯供
十五日晴虞候褊裨以下各班問安除禮平明以黑團領
詣舘所與虞候牧使行望　闕禮而還各頭下人點考
待令付軍官沈能沃往江東營吏金柑良軍案磨勘後
自京還現
十六日晴虞候来見軍官安壽慶往江東午後出城外射
坐射貫革五廵轉就青坡塘周覽由新長林而還

初七日晴 國忌齋戒廣候来見安州牧使金東獻赴任
路入處本州作廳傳喝往復備送別味朝夕飯饌
初八日晴 國忌正日食前就安州牧使下處叙別而還
軍官沈能恪上京鎮撫金義淵自延營還現
初九日晴 國忌齋戒内行往鳳山藥水軍官沈宜夏陪
行宣 傳官廳下人李志燮来現飯饋錢一兩帖下
初十日陰 國忌正日卯量始雨終日霏灑
十一日朝陰晚晴廣候来見鳳山郡守李元熙以本州發
獄同推次馳進私逕入見仍下直備送別味及午飯
十二日晴午後登撫劒亭射貫革五巡而下平安中軍李

見
二十一日晴 國忌正日
二十二日晴
二十三日晴 國忌齋戒虞候来見
二十四日晴 國忌正日虞候来見江東
祠宇迎候次食後出五里程依幕處待候申量
祠宇行次来到路左瞻拜堂侄與家兒陪行偕至各班下
人侍陪設行樂前排而還鎮撫表光會河九龍及使令
三名封物領納自京還現
二十五日朝晴晩陰平明運籌軒大坐起中軍將官以下

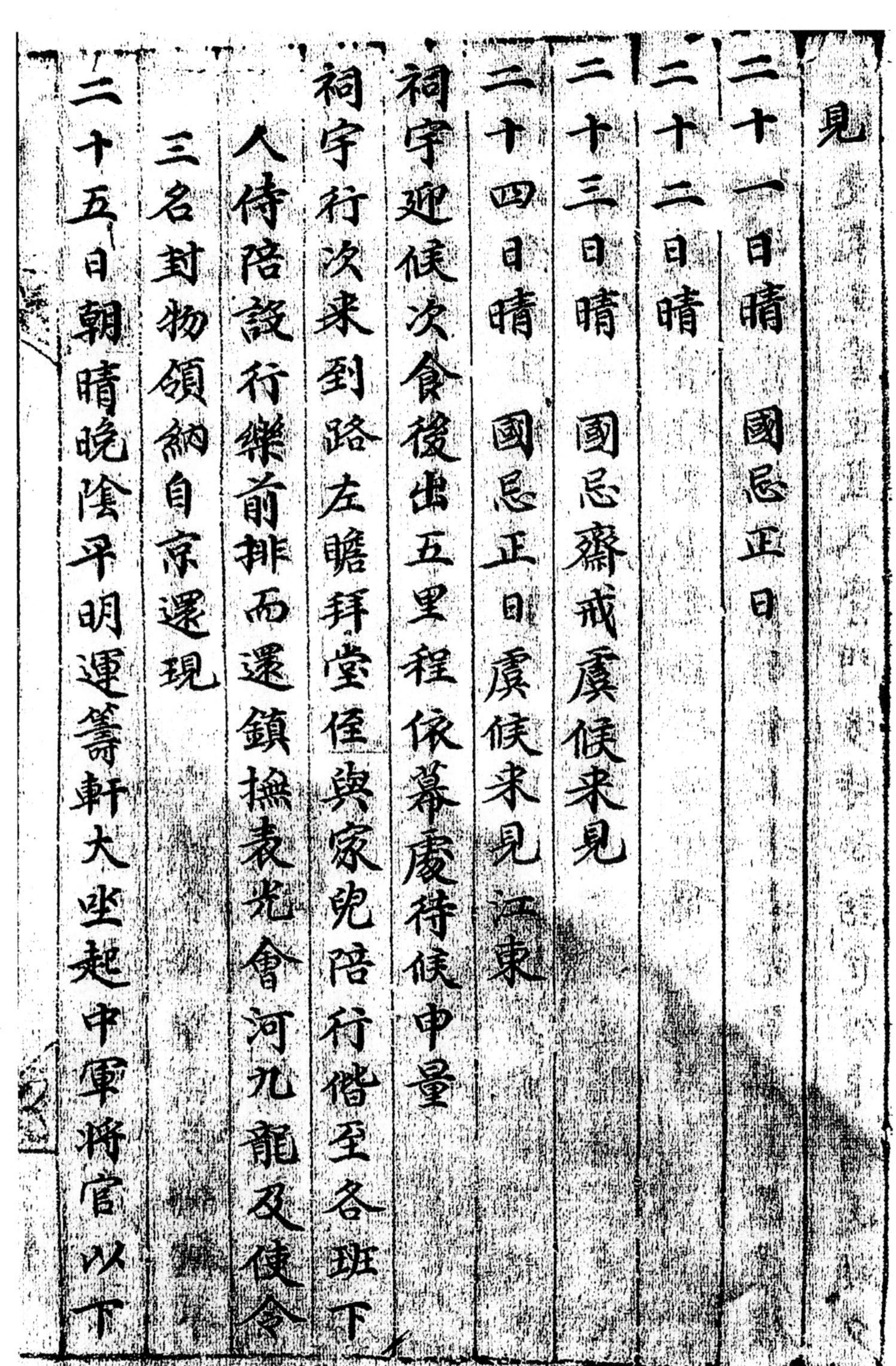

十七日晴食後出閱武亭小坐起虞候褊裨以下各班下人
禮數牧使来見別賞射試取入格人分等施賞仍與虞
候牧使登萬松亭少憩轉上將臺自營州備進別味虞
候牧使諸幕射方革終日消寂鳳山桂書房 来謁
雨時飯供
十八日晴虞候来見昏後登月波樓觀溶金而還
十九日朝晴晩陰 式暇齋戒虞候来見義州新府尹尹
致定赴任路入處鄉廳傳喝往復備送別味及午飯
二十日晴 國忌齋戒 式暇丑日曉頭始雨開東止文
山萬戶朴東爀馳進呈公状問安入見仍下直虞候来

供尹生負自江東還

二十八日陰細雨間霽虞候牧使来見軍官張元植令春夏等裒聚同議次定送巡營午後就鄉廳見舊使作別營吏鄭昌龠舊使陪行次定送金川

二十九日晴尹生負辭歸使令一名至慈秀陪往午後招入兒倡聽打詠消假饋夕飯

三十日晴牧使與其子注書来見虞候隨至决勝堂設觀妓樂自營餞別終日團欒而罷

六月初一日陰 望 闕禮權停虞候褊裨以下各班問安及下人點考除之虞候来見

行軍禮牧使以藥水發行來參營州各班禮數風日不
調寒氣可悶料試射使虞候晉行下人等點考除禮年
後與堂侄設觀妓樂終日而罷申量驟雨暫灑夜來或
注或灑
二十六日朝晴晚陰食後陪
祠宇先到五里程各班下人侍陪下坐依幕處小憩路左
拜辭堂侄與內行隨至作別軍官沈宜夏陪行上京家
兒至鳳山陪行未量雷動始雨申量止
二十七日晴舊使自博川衙中上來家兒自鳳山還虞候
牧使來見舊使直入營門移時敘話進別味備送朝夕

初六日晴
初七日晴 國忌齋戒軍官沈能沃自江東還午出北門
外射臺射貫革五巡
初八日朝晴晩陰 國忌正日申量雨下食後射貫革七
巡楊州歌客朴東春来現聽打詠一場
初九日陰牧使来見朴東春下直錢二両給送
初十日陰春夏等褒貶狀 啓封裹陪持金陽禄賫奉上
送食後往見牧使暫話而還射貫革三巡
十一日晴牧使来見射貫革七巡
十二日晴鳳山郡守李元熙馳進除公狀私逕入見仍下

初二日陰上去中和內行歷過城外備送別味及朝夕飯
供松禾毋室趙書房自平壤回路来見定下處飯供
初三日晴虞候来見牧使以龜洛坊窀穸處看審次發行
自晡時因滯氣忽患嘔泄至夜未穩
初四日晴患候自曉差減穩寢舊運餉使李參議根友本
州中大江西縣令洪鍾序其伯氏洪承吉鍾應自京下
来歷過城外傳喝往復別味及飯供備送各下處運餉
使来見軍官張元植自廵營還牧使被窀穸處看審後還
官
初五日晴牧使来見

十七日或晴或陰食後登閣武亭小坐起虞候褊裨以下
奇班行禮數賞試射試取入格人分等施賞而還東里
僉使石璟淳馳進除公狀入謁仍下直騎兵上番狀
啓封裹陪持金陽禄賫奉上送營吏吳敬魯騎兵中點
次定送金川射貫革六廵
十八日晴牧使来見蒜山僉使趙駿根正方別將鄭啓甲
馳進除公狀私逕入謁仍下直軍官沈宜夏自京下来
路價布中點而還家亂自遂安還射貫革八廵虞候来
見
十九日朝晴晩陰牧使虞候来見陪持蔡學周書簡撥来

直備送晝物及飯供射貫革七廵

十三日晴箕營中軍李時榮上京路私遝來見備送飯供執事金履祚洞仙嶺摘奸定送家瀧往遂安獵草處射貫革七廵夜央雨下

十四日陰射貫革六廵

十五日陰虞候福禪以下各班間安徐禮平明以黑團領諸館所與虞候牧使行望闕禮而還各班下人點考待分付春夏等褒貶析榜文城僉使李廷三居中虞候來見射貫革六廵

十六日陰虞候來見射貫革八廵陪持金陽祿自京還現

二十六日晴 國忌齋戒射貫革十巡虞候来見
二十七日陰 國忌齋戒已量雨下洪承旨鍾應自季武
任所江西上去路入處城外旅店備送别味及飯供就
見談話而還小選洪承旨来見洞仙嶺轎軍分付通飭
将校趙相蘭洞仙嶺摘奸定送
二十八日陰 國忌正日陪持金陽禄自京還現虞候二
十五日都政以北虞候陞資事京奇下来虞候来見發
馱賫去使令柳基亨定送青川使令表用寬定送京城
二十九日陰雨雷動或霆或灑箕中營冊室李先達
歷過城外備送朝夕供虞候来見

次至金川定送夜雨霪下

二十日陰

二十一日陰陪持蔡學周自金川還現

二十二日陰虞候来見

二十三日陰晩風雨交作虞候来見營吏吳敬曾自金川還現

二十四日朝陰晩晴射貫革十三巡

二十五日朝陰霧晩晴牧使来見食後登穿楊亭小坐起虞候褊裨以下各班行禮數料試射試取入格人分等施賞雨還招妓工設嵇笛一場射貫革十巡虞候来見

初五日陰大雨間霆關西 發文差使貞熙川郡守
歷過城外傳喝往復備送午供
初六日或晴或陰虞侯來見暫登撫劒亭遥望南川漲流
初七日陰夜央雨霆下陪持金陽禄自京還現
初八日或陰或晴虞候來見平山府使李仁泳呈辭狀封
還
初九日陰 國忌齋戒虞候來見平壤庶尹徐有民上京
路入慶城外炭幕備送別味及朝夕飯供
初十日朝陰晚晴 國忌正日虞候來見千摠吳亨得軍
營所改建材木烙斫次定送善續

七月初一日或陰或晴 望闕禮權停 廣侯福裨以下各

班問安及下人點考除之 廣侯来見鳳山郡守李元熙

馳進私還入見仍下直備送午供射貫革八巡

初二日朝陰晩晴牧使 廣侯来見射貫革十巡鳳山全主

簿来謁兩時飯饋

初三日晴 廣侯来見秋巡 稟啓封裹陪持金陽祿賷奉

上送

初四日陰

大殿誕日箋文一筒封裹與 廣侯下庭祗送校生金光

浩鎭撫李國亨賷送巡營

十七日陰虞候来見龍山縣令金肅淵赴任路入慶城外炭幕備送別味及朝夕飯供

十八日晴龍山縣令金肅淵来見是日 卽
大殿 誕日也平明以烏紗帽黑團領詣館所與虞候龍山縣令行遙 賀禮唱山呼十二拜禮而還虞候来見食後運籌軒設大風樂終日團欒夕後登月波樓設樂舞妓〻工等處錢二十兩帖下

十九日晴虞候来見

二十日晴虞候来見夕陽出北城下射貫革十巡

二十一日朝陰旋晴虞候来見昌城防禦使李寅熈三和

十一日朝陰旋晴鎭撫李國亨自巡營還現虞候来見使
令表用寬自京還現
十二日朝陰旋晴 式暇齋戒登撫劒亭歇凉
十三日朝陰旋晴夕陽出北城下射貫革十廵
十四日晴虞候来見營奴鎭行貿紙次下直上京夕陽出
北城下射貫革八廵
十五日陰大雨終日 望 闕禮權停虞候褊裨以下各班
問安及下人點考除之虞候来見千摠吳亨得自善績
還現
十六日陰宿雨未霽虞候来見夜来大風害穀民事可惜

文山萬戶洪錫文到任狀 啓封累付撥上送
二十五日陰細雨午晴料射權停鎭撫河應洛自京還現
愽川郡守閔祥鏞赴任路歷入城外炭幕備送別味及
飯供愽川郡守私還來見夕陽出閱武亭射貫革七巡
使令尹鎭元自淸州還現
二十六日朝晴晩陰細雨間霏 式暇齋戒三和防禦使
李熙絅遞任上去路入處城外炭幕備送別味及潮夕
飯供
二十七日朝陰晩晴是日即 親忌日也毋量入內衙設
位望哭不勝憾愴虞侯褊裨以下各班下人問安除之文

防禦使任泰錫赴任路入慶城外矣幕備送別味飯供
夕陽出北城下射貫革八廵
二十二日陰大雨終日
二十三日朝陰旋晴虞候来見文山萬户洪錫文馳進延
命禮使裨將受除公私禮呈公状入見仍下直夕陽出閣
武亭射貫革十廵金郊察訪金華馳進除公私禮呈
公状入見仍下直江東京主人金景元未現分付飯饋
二十四日朝陰旋晴正方別將報虎患行獵次將校李洙
澗慶砲手三名領付以送虞候来見招致風流客觀一
場遊戲夕陽出閣武亭射貫革九廵文城僉使李升運

呈公狀入見仍下直軍官沈能沃辭往江東夕陽虞候
來見仍與之射貫革八巡
初二日陰宿雨未霽巳量始晴虞候來見所已舊萬戶鄭
德基來見分付朝夕飯饋
初三日或陰或晴細雨間霏牧使來見龍岡宋碩士之權
來見分付飯饋
初四日或晴或陰細雨間霏所已萬戶張揩漢馳進延
命禮使禪脅受除公私禮呈公狀入見仍下直
初五日或晴或陰驟雨間霆龍岡宋碩士辭歸將校元象
淵都試所用貫革材木及本州公廨改建材木卜駄給次

城僉使李升運馳進延 命使裨審受除公私禮呈公
狀入見軍官傳令成給投刺後仍下直
二十八日陰細雨霏微午後晴使令金陽淡卜物領納次
定送京城所已萬户張哲漢到任狀 啓封裹付撥上
送
二十九日晴夕陽出閱武亭與虞候射貫革六巡召武士
二人各射鐵箭三矢
閏七月初一日或晴或陰細雨間霏虞候褊裨以下各班
下人問安除之平明以黑團領詣館所與虞候教使行
望闕禮而還下人點考除之長壽別將劉漢邦馳進

十一日晴虞候来見

十二日晴虞候牧使相繼来見毋容張書房　上京路騎步價布中黙次成給軍官草料以送夕陽出閱武亭射貫革七廵闗西箋文差使負熙川郡守李鳳周自京下来路歷八城外炭幕備送飯俠[illegible]

十三日朝陰旋晴虞候来見將校李孝臣洞仙嶺風落木摘奸次定送夕陽出閱武亭射貫革十廵

十四日陰將校李孝臣自洞仙嶺還現

虞候牧使来見已量始雨終日連夜將校邊應元曳木中飭次定送棗隅

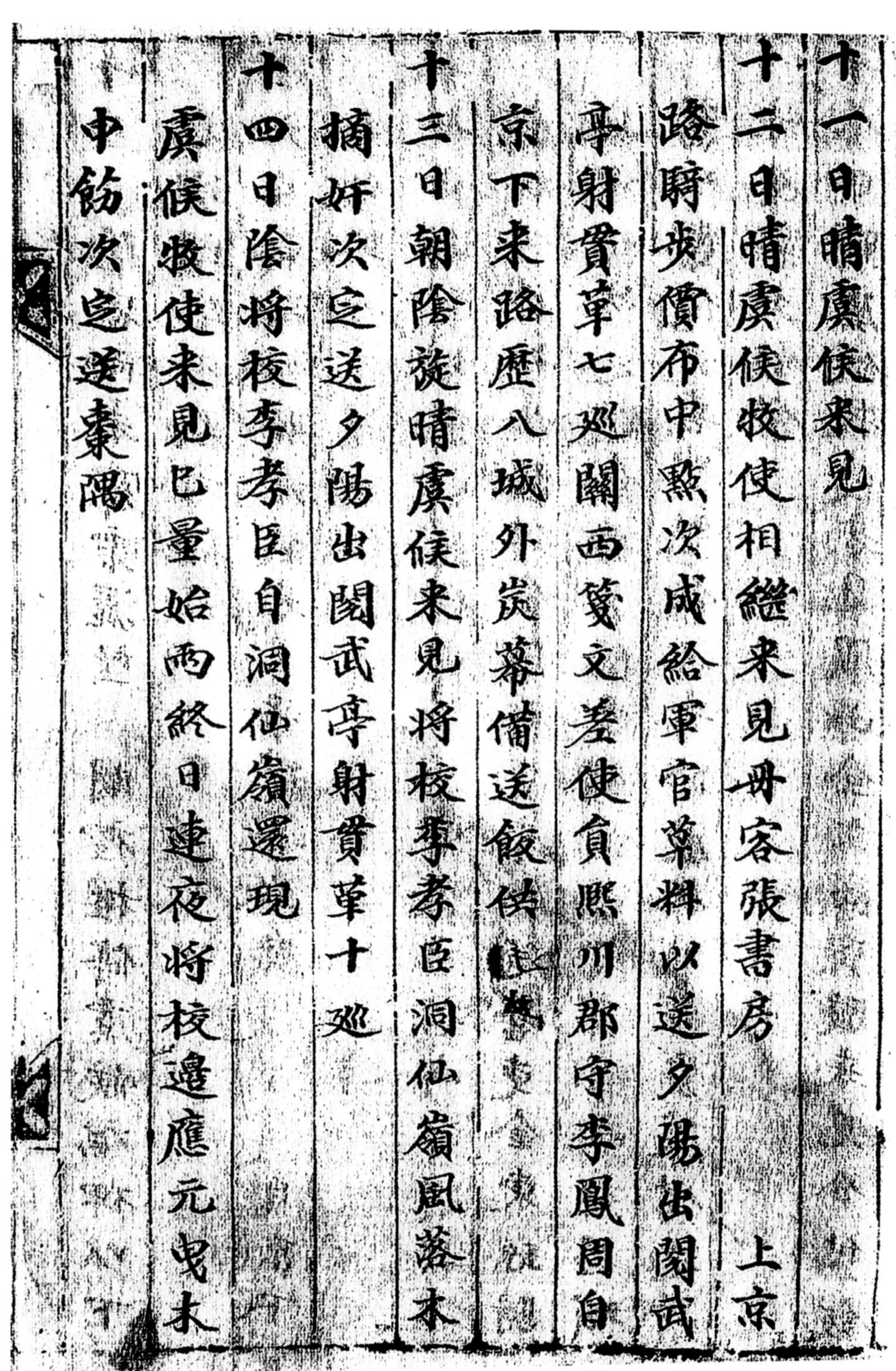

定送所已成川府使朴齊憲歷入城外炭幕備送別味
飯供往見而還
初六日陰宿雨未霽虞候来見
初七日晴虞候来見食後看農次與虞候幕賓偕往禮垌
少憩于亭子上轉至訓鍊院備進別味逾時歇凉而還
初八日晴牧使来見將校元象淵自邑還現夜央大雨
初九日陰宿雨未霽終日霔下連夜繼霔大害農事為民
可惜
初十日陰宿雨未霽終日霔下大風折木言念民農乜極
可悶酉量雨歇風息虞候来見

饋家兒上京夕陽出閱武亭射貫革五廵夜登月波樓
設樂敵懷而還
十九日晴廣候来見将校李孝臣風落木截同次定送洞
仙嶺将校邉應元曳木申飭後還現使令林致亨卜物
輸納次定送京城
二十日晴廣候来見全主簿辭歸夕陽出閱武亭射貫革
十廵
二十一日陰細雨間霽廣候来見使令尹寬日卜物輸納
次定送京城招致歌客張萬禄聽歌詞一塲全主簿来
見飯饋

十五日陰宿雨未霽霏灑望　闕禮權僖虞候褊裨以下
各班問安及點考除之
十六日朝陰旋晴虞候来見平壤姜生員　自京下
来之路入見饋酒物
十七日晴貫識射使虞候脅監軍官張元植上京騎兵上
番狀　啓封裹陪持金陽禄貴奉上逆營吏金東琢騎
兵中點次定送金川夕陽出閱武亭射貫革十巡邑城
舊防禦使尹喜豊替任上去路歷入城外炭幕備送列
味及朝夕飯供
十八日晴虞候牧使来見鳳山金主簿寅駿来見分付飯

来見移時談話夕後又就謁永明尉鬼谷倅而還
二十五日朝陰旋晴谷倅来見下直料射使虞候署監歌
客張萬禄下直錢二兩草二斤脯一貼帖給名倡夫方
萬春聽歌詞下場饋飯
二十六日朝陰旋晴使倡夫方萬春池名德各唱歌詞一
場
二十七日晴陪持金陽禄自京還現出閱武亭射貫革十
巡
二十八日晴朔州鄭中軍鶴老来見分付飯饋出閱武亭
射貫革七巡沈林川宅下人處民魚一尾石魚一束白

二十二日晴永明尉行中問安全主簿定送平壤虞候牧
使来見招致倡夫方萬春才人金昌復等設繩索雜戲
聽歌詞一塲主和姜書房在璜来見分付飯饋
二十三日陰招致倡夫方萬春聽歌詞一塲營吏金東球
自金川還現將校李孝信自洞仙嶺還現
二十四日朝陰旋晴虞候牧使来見金至濟自平壤回還
永明尉到本州呈五里程公狀還送下處人吏厨備送
別味進支其子舍谷山府使洪祐喆陪覲偕到馳進公
私禮及公狀并除之私迎入見亦備送別味及飯供以
平脈乘肩輿就謁永明尉轉見谷倅而還少送永明尉

初二日晴廣侯來見孫兒及侄兒與其師金書房偕來使
令林致雲自京還現登閱武亭射貫革五巡
初三日晴永柔縣令李璹自京下去路入處旅店備送別
味及飯供既見回路歷入中營牧使先至暫話而還使
令吳千得卜物領納次定送京城登閱武亭射貫革五
巡
初四日晴登閱武亭射貫革五巡
初五日晴廣侯牧使來見軍官張元植自京下來使令尹
官益自京還現
初六日晴小釋菜齋戒軍官韓道潾因事往兎山軍官張

蝦三升西草二斤給送
二十九日晴虞候牧使来見
三十日晴鄭中軍辭歸錢五兩民魚二尾石魚二束西草二斤細蝦三升甘紅露三鐥醢送出閱武亭射貫革六巡
八月初一日晴虞候褊裨以下各班問安及下人點考除禮平明以黑團領詣館所與虞候牧使行望闕禮而還仁濟坊民孫斗好見其母虎囕捨命擊殺其虎来納其孝嘉尚其氣壯快白米二斗黃肉二斤賞給差其父千摠以奬其志登閱武亭射貫革六巡

別武士都試々官馳進飯供

初十日陰別武士都試開場日也宿雨不霽不爲開場處候來見鳳山倅私還入見蒜山僉使趙駿根正方別將鄭啓甲以都試差備馳進私還入見正方別將以預差仍下直

十一日晴陰迭作別武士都試開場次食後以戎服建大將旗鼓出訓鍊院結陣處駐馬號令吶喊共三次傳令開轅門處候具甲冑陣頭跪迎登將臺大坐起中軍以下諸將官行軍禮三試官鳳山郡守都廳官蒜山僉使及牧使禮數除禮營州各班次々禮數武士點考權停

元植廵審雖營問安次送武藝別監李在植歷路来
現錢二兩帖下初九日別武士都試開場以 陵幸相
値退定初十日登閣武亭射貫革五廵
初七日晴 釋菜正日登閣武亭射貫革四廵
初八日陰 虞候来見鳳山才人金昌復錢二兩帖下長連
縣監成允鎭以別武士都試〃官馳進除公私禮呈公
狀入見飯供昏後始雨達夜霏洒
初九日陰宿雨終日霏洒達夜不止長連倅入見下直吳
水使致賢殷栗匪所梨千哥五錯脯一貼西草二斤白
緞五并贐送軍官張元植自廵營還鳳山倅李元熙以

州夜央洒雨
十五日晴 式暇正日望 闕禮權停虞候褊裨以下各
班問安及下人點考除禮正方別將以都試差備馳逐
私還入見武學都試開場日也平明出訓鍊院小坐起
試官以下各班禮數除禮設場仍為畢試拆榜優等黃
州武學安京濟呼新来進遲入格人分等施賞新恩給
佳人騎馬前排而還陪持金陽祿自安州還現
十六日晴鄉騎士都試開場日也日出以戎服建大將旗
鼓出訓鍊院結陣處駐馬歸令吶喊共三次傳令開轅
門虞候陣頭跪迎登將臺大坐起中軍以下諸將官行

牧使鳳倅入見仍為開場柳片試取日暮而還鳳倅下
直羅歸時馬逸落馬無傷可幸耳
十二日朝晴晩陰 國忌齋戒平明出訓鍊院坐起節次
除禮柳片鉄箭試取以西下羅還軍官韓道爀自兎山
回還
十三日晴 國忌正日平明出訓鍊院坐起節次除禮牧
使来見鉄箭騎蒭鳥銃畢試拆榜優等黄州別武士李
廷鳳呼新来進退日暮罷還
十四日晴 國忌正日 式暇齋戒別武士都試入格人
今等施賞蒜山僉使下直陪持金陽禄因公幹進送安

榜優等黄州騎士申學洙呼新来進退入格人分等施
賞罷場後並與前試兩優等人各給佳人騎馬前排而
還陪持金陽禄自安州還現將校朴仁甲舍人闌門樓
監後次定送
十九日晴都試畢試後各班問安除禮虞候牧使来見軍
官張元植往廵審行中使令李益守持書柬定送本宅
二十日晴騎士都試畢試狀 啓封裹陪持金陽禄賫奉
上送軍官沈宜夏自艾津浦還
二十一日晴 國忌齋戒 徑兒上京陪持金仁宅自京還
現成川府使徐元淳赴任路入處旅店備送別味及午

軍禮牧使禮數除禮都廳官正方別將營州各班次〻
禮數左右列分二牌點考牧使入見別武士武學畢試
狀啓封裹陪持金仁宅貴奉上送柳尼鉄箭試取日
暮而還
十七日晴 國忌齋戒陪持金陽祿因公幹定送安州平
明出訓鍊院坐起節次除禮鉄箭騎蒭試取而還根波
萬戶李根元赴任路來見而時飯供錢五兩民魚六尾
石魚二束西草六斤贐送卜馬一匹至中和給送
十八日晴 國忌正日軍官沈宜夏民石魚看品次往爻
津浦平明出訓鍊院坐起節次除禮騎蒭鳥銃畢試折

行延、命禮〻畢出西軒公私禮除之 教諭書祗送
後直詣下處以戎服揷虎鬚佩筒箇持馬鞭入謁而還
備送別味及進支巡使季氏安州牧使金東獻率內行
自京一時来到並備送別味及飯供安牧来見瑞興府
使韓正教以白日場試官来到備送別味及飯供正方
別將下直
二十五日晴　國忌齋戒食前就巡使下處入謁回路見
金都事談話而還瑞倅入見下直鳳山郡守李元熙馳
進入見仍下直備送別味乗夕就巡使下處作別而還
陪持金陽禄自京還現

飯
二十二日晴 國忌正日 午後祗見本官移時談話回路
轉至軍營所役所看審而還夜来雨下
二十三日晴執事趙文垣禮貌稟定次定送巡審中路正方
別將鄭啓甲馳進私迎入見
二十四日晴開東洒雨旋止執事趙文垣自鳳山還現五
里程出待以除之題来東里僉使石環淳馳進除公狀
私迎入見巡察使金東健巡到本州時呈五里程公狀
還送以戎服乗籃輿祗館所西伺候改着甲冑出西庭
教諭書過時鞠躬祗迎巡察使過時體祗迎使回班答揖

往琵琶串虞候来見夕陽就軍營所役所看審而還戍
時量禮書關文始自巡營来到故卽以淺淡服烏紗帽
黑角帶黑皮靴詣館所與虞候牧使入內庭褊裨毋容
儒鄉諸校中門外營州各班下人民庶等大門外聚會
不開殿牌設香卓於正廳跪執事上香俯伏哭盡
哀行四拜禮畢而還移次執事廳
九月初一日陰虞候褊裨以下各班問安及下人點考並
除之平明詣館所與虞候牧使行朝哭而還各樣公事
姑停軍官沈宜夏自琵琶串還虞候来見蒜山僉使趙
駿根東里僉使石環淳善積僉使安道源所已萬户張

二十六日晴 國忌正日軍官韓道爀上京虞候来見箕

中營內行上去備送別味及午飯方萬春錢五兩帖給

軍官張元植自巡審行中回還

二十七日晴首執事徐任淳舍人關城役看檢次定送虞

候来見

二十八日晴卽聞京奇則

中宮殿今月二十五日申時 昇遐驚痛摧隕而以此私

奇有不敢輕先舉哀不勝罔措虞候牧使来見首執事

徐任淳自舍人關還現

二十九日晴 式暇齋戒軍官沈宜夏歲儀白緞着品次

處候牧使行夕哭而還
初五日晴間 訃第六日成服也日出以淺淡服詣館所
與處候牧使先行朝哭後改着衰服入庭褊裨毋客儒
鄉諸校中門外營州各班下人民庶等大門外聚會執
事者三上香俯伏哭盡哀行四拜禮改着布裹笠布天
翼而還〻次運籌軒各掾隷許題送開閉門當日爲始
擂鼓舉行
初六日晴軍官吳德璜自京還處候明日將發行赴任來
見下直中營陪行營吏孔載敦及通引吸唱羅卒等並
〻下直

哲漢正方別將鄭啓甲以纛祭各差備馳進入謁而纛
祭不得設行故並仍下直使令李益守自京還現夕哭
以氣不平未參開閑門傳令舉行
初二日朝晴晚陰朝夕哭以氣不平未參虞候來見
初三日陰雨雪霏微
大殿 大王大妃殿 王大妃殿陳慰箋文各一筒
禮曹知委付紅籤而亦以吉色封裹以淺淡服與虞候
下庭祗送陪持金陽祿賫奉直送于差使員所到處朝
夕哭以氣不平未參
初四日晴朝哭以氣不平未參虞候來見酉量請館所與

江東還巡營冊室金都事與巡幕金學官 自安州
回路下處本州備送晝物及飯供夕後就見而還
初十日陰雨開霽各庫還上開倉夜央雨下
十一日晴虞候来見軍官沈能沃因事往江東訓鍊屯監
張舜民入謁鳳山金主簿来見飯饋夜雷雨暫作
十二日晴往見牧使暫話而還軍官安壽慶騎步價布中
縣次乏送金川仍為上京軍官張元植自巡營還公州
沈書房往江東路入見飯供陪持祭學得自京還現
十三日晴是日即公除日也牧使虞候来見東里僉使石
璟淳馳進私謁仍下直金主簿辭歸

初七日晴　國忌齋戒軍官張元植　國恤問安定送延
營食後往中營作別而還新虞候李璹馳進延　命禮
使兵裨著受除公禮呈公狀入謁昏後復入謁開門擧
行除之際先上京封物使令表用寬定送京城
初八日晴　國忌正日虞候來見虞候劉任狀　啓封裹
陪持察學周賫奉上送平安道箋文差使員順安縣令
金元植歷過城外備送晝物及飯供城役處者審次乘
肩輿由北門轉至南牌樓而還
初九日晴虞候來見各庫斛斗較正陪持金陽祿到坡州
箋文賫傳于差使員康翎縣監後還現軍官安壽慶自

送營吏崔夏王騎兵甲點次定送金川
十八日陰午量雨下虞候來見假羅萬戶權炳彥以陞戶
差貟上京兵符使兵校費來故姑爲捧留金浦鄭良洛
來謁留饋
十九日晴勅庫所在銀子稱量看品上番騎兵狀啓以
金川兼任平山府使點送事改修正揆來次陪持金陽
祿定送金川往見牧使暫話而還京中沈書房亘游下
來
二十日晴虞候來見正方別將鄭啓甲馳進私謁仍下直
牧使來見陪持金陽祿自金川還現家流與軍官韓道

十四日晴 牧使發行巡營沈書房往江東路費給送成川

内行自京下来入處城外两時飯供

十五日晴 虞候徧裨以下各班問安除禮日出請館所以

卒哭前不行望 闕禮設香卓着裹服與虞候行望哭

禮而還各班點考權僔虞候来見森山僉使趙駿根馳

進私謁仍下直新興寺僧實悦勸善錢三兩帖給軍官

張元植往新倉糴所

十六日晴 虞候来見

十七日晴 別隊馬兵原定點日而以 國恤傳止牧使自

巡營還官上番騎兵狀 啓封裹陪持金仁宅賫奉上

爲分饋執事鎭撫廳有進排之例云而非但爲弊况値
國恤不可𤅊熳故分付除之矣而廳及奴廳各進雜糖入
夜因滯氣忽發嘔泄未得穩寢
二十五日晴惠侯自朝差減虞候牧使來見鳳山倅來見
下直軍官張元植往新倉將校李時榮瑞興請報材木
烙斫次定送善績
二十六日陰虞候來見酉量始雨夜深止鄭良洽下直上
去
二十七日晴 武暇齋戒陪持金仁宅自京還現
二十八日晴虞候來見

焃自京下来

二十一日晴 牧使来見 軍官沈能沃自江東還 舊虞候陪去 營吏孔載敎至谷山落後還現

二十二日晴 國忌齋戒 軍官崔孝達因事上京 鳳山全主簿平壤姜院長 来見 羅州色廳直 来謁

二十三日晴 國忌正日 軍官張元植自新倉還 營吏崔夏玉自金川還現

二十四日晴 即余生辰也 虞候褊裨以下營州各班問安除禮 虞候牧使来見 鳳山郡守李元熙馳進私邊入見 俱會于決勝堂 自禮庫備食物 竟日團欒 校吏各廳亦

初五日晴虞候来見楸坡舊萬户李益馨遞歸路来見而
時飯供軍官草料成給位羅萬户權炳彦以陞户差負
自京還鎮兵符来校金再弼處授送各操價布待年分
關發送之意報各該營而陪持祭學周定送
初六日晴
初七日陰虞候牧使来見江東徐書房来見分付飯饋
初八日晴使令禹好北卜物領納次定送京城
初九日晴虞候来見
初十日晴城解修改監董人負請賞狀 啓封裹陪持金
仁宅賫奉上送虞候来見洪襄陽来見廣州姪兒辭往

二十九日晴
三十日晴各站撥將冬等加料分給虞候來見
十月初一日晴望哭禮以氣不平權停虞候福祥以下各
班下人問安及點考除之虞候牧使來見箕營內行上
去路入處人吏廳備送晝物及朝夕飯供箕幕金五衛
將玉根來見
初二日晴碧蹄成書房　來見分付飯饋
初三日晴虞候來見
初四日晴蒜山僉使趙駿根以石庚差使負上京兵符之
兵校費來姑爲捧留

官張元植自新倉還張書房曦相軍官安壽慶全主簿
寅駿自使行中来見
十四日晴書状官来見虞候牧使来見松禾縣監金郊察
訪来見下直陪持蔡學周歲儀船離發與否探来次定
送助浦
十五日陰雨雪終日霏灑虞候褊裨以下各班下入問安
及黙考除之望哭禮權傳就見書状官作別告計使離
發登撫釰亭遥望其去而下家兒與軍官安壽慶沈能
沃中路餞別次偕去軍官張元植還穀查覈次往鳳山
十六日晴

十一日晴坐起除之隨營牌點入防禦定州牧使徐相五
大夫人喪行歷過城外備送奠床及朝夕上食就弔而
還
十二日晴廣侯來見家兒爲見其兄告 訃使往鳳山告
訃書狀官行中傳喝次執事金利祚定送鳳山
十三日晴執事金利祚自鳳山還現家兒自鳳山回還堂
侄告 訃使定下處決勝堂書狀官徐校理相教入處
體仁閣備送別味及飯饌就見而還松禾縣監趙顧淳
馳進除公狀私還入見備送書物及朝夕飯饌金郊察
訪金簟以査對官馳進除公狀入見廣侯牧使來見軍

二十一日晴坐起除之隨營牌先入防所全主簿歲儀卜
馱着檢敎定送助浦仍使價布中點東里僉使右璟淳
馳進除公狀私還入見仍下直因廵營弁分回下闕砲
保純木禁御兩營及兵曺納價布木邉中折半代錢各
衙門軍身布幷以純錢今二十九日中點上納事知委
各邑

二十二日晴

二十三日陰微雪間霏執事徐任淳自善績還現牧使未
見白川郡守李學在以歲幣差使員馳進除公狀入見
備送書物及飯供

聖痘康復延 賀 箋文封裹以布帽帶與虞候下庭祗
送陪持金陽祿費奉直送于差使員所到慶軍官沈能
沃至中和送告訃使而還
十七日晴冬至 箋文二筒封裹與虞候下庭祗送鎭撫
姜薰成費送巡營
十八日晴營門公廨所用材木烙斫次執事徐任淳定送
書績軍官張元植自鳳山還以捧糴事仍往新倉
十九日晴家兒與軍官安壽慶至平壤送告訃使而還陪
持金陽祿自松都還現蔡學周自助浦還現
二十日晴夕陽耗見本官談話而還

二十九日晴虞候牧使来見森山命使趙駿根以石灰差
使貟自京還鎭兵符来校金瀜成處授送
十一月初一日陰虞候褊裨以下各班問安除禮日出以
布帽帶詣館所改着裏服與虞候牧使行望哭四拜禮
而還隨營牌先入防所未時旧食冬至正使李判書穆淵
到本州時呈五里程公狀還送副使俞叅判星㷁處下處
決勝堂仍即来見移時叙話以布帽帶詣正使下處入
謁回路入書狀官金校理錫下處接見而還别味備送
各下處審藥崔學修新到除初謁禮呈公狀問安入見
掑擣察訪金錫模以查對官馳進入見軍官沈能沃執

二十四日晴

二十五日晴　國忌齋戒執事金履祿歲儀卜䭾看檢次定送助浦白川倅自中和回還備送飯供

二十六日晴　國忌正日營吏劉命旻各様價布中點次定送金川

二十七日晴　虞候来見陪持蔡學周歲儀卜䭾領納次定送京城執事金履祿聞助浦消息自鳳山還現巡營呈冬至公狀持印宋德啓賫送

二十八日晴軍官沈能沃冬至使行中傳喝次定送執事趙容蘭書狀官行中傳唱次定送

旅店傳唱往復備送別味及朝夕飯供從孫自吾討使
行中由江東而來
初四日晴虞侯牧使来見家兒與從孫上京軍官沈能沃
往江東軍官張元植往新倉持印宋德桂自巡營還現
初五日朝陰晩晴各班下人處新蓂分給
初六日陰軍官金寅駿營吏劉命昊自金川回還李校理
蒙宥明將發行来見而去備送別味將校金守敬元
象淵洞仙嶺摘奸次定送
初七日朝陰晩晴就見李校理作别錢廿兩贐送回路見
本官而還虞侯来見東里僉使石璟淳馳進私謁仍下

事趙容閒自鳳山還西量下雪
初二日陰卯量雨雪交下卽冬至日也虞候褊裨以下各
班問安除禮還　賀禮以　國恤因山前依禮曹關不
得行禮各邑驛鎭城冬至公狀并還送食前就見副使
夕陽就正使下處入謁拜辭回路見書狀作別而還棋
擣察訪來見昏後副使來見
初三日晴副使臨發來見作別虞候來見
大殿痘候平復　教文來到以氣不平不得迎　教軍官
吳德璜上京軍官張元植自新倉還咸從府使金駿喜
自京還官路私還入見定州牧使金永壽赴任路入處

来次陪持金仁宅定送京城執事趙文填来月當騎步
價布中點次定送金川虞候来見夜央暫雪
十三日陰 國忌正日虞候牧使来見營吏崔夏玉敬差
官陪行定送因本官所請本州陪持林有根至義州草
料成給夜央暫雪
十四日晴 國忌正日軍官權壽仁自京下来
十五日晴 國忌正日虞候褊裨以下各班問安除禮日
出以布帽帶詣館所改着裹服與虞候牧使行望哭禮
而還下人點考權僔卜物領納次使令金永蘭李海明
定送京城陪持金仁宅自京還現

直近日客孫入德月山来吠於射帿方欲攔捉之際本
州居出身文德昌率軍捉納誠幸矣並為飯饋文德昌
特差鳳山官門撥將
初八日陰朝雨暮雪將校金守敬元彔渊自洞倸嶺還現
鳳山金主簿寅駿辭去
初九日晴軍官張元植自新倉督還旋去虞候来見
初十日晴
十一日晴随營牌先入防將虞候来見歲儀庫子奴元模
使令表中渊自京還現
十二日晴國忌齋戒豊川漂人將由旱路入送譯學𠊳

夜央下雪
十八日晴虞候牧使来見江東離發上京
十九日晴
二十日晴使令表龍甲卜物領納次定送京城
二十一日晴虞候来見隨營牌點入防呀執事趙文垣自
金川還現
二十二日晴
二十三日晴營吏孔載敦自金川還現虞候来見鳳山金
主簿寅駿来謁方物邑吏金運俊令黃德順自京還現
夜下雪

十六日陰 國忌正日

大殿症候平復頒 教後代加代受無乎單子修報兵曹巡營而兵曹件陪持金陽祿給送巡營件持印宋德桂定送虞候来見平壤庶尹徐有民移拜羅牧上京路入處旅店傳喝往復備送別味朝夕飯供夜来而雪交下

十七日晴来月當騎兵上番狀 啓封裹陪持金陽祿賫奉上送營吏孔載毅騎兵中點次定送金川從事江東自任將来下人等分付餞饋軍官沈能沃偕来營吏崔夏玉教差官陪行後自載寧遞現成川府使徐元淳上京路入處旅店傳喝往復備送別味及飯供虞候来見

軍官張元植自新倉還夜央暫雪
二十八日陰軍官張元植上京陪持金陽祿自京還現洞
仙嶺關守與城堞修改時監董人狀　閫請賞矣別監
役嘉善黃起春邊將承　傳監董軍官出身沈能沃沈
宜夏御廳吳德璜　賞加領役執事出身宋倫帖加事
兵曹回　啓關文下來使令金永蘭李海明自京還現
二十九日朝陰晚晴譯學李禮懋上京助泥萬戶金得禧
漂人領付還鎮路入見仍下直使令[illegible]成太卜物領納
次定送京城使令田萬岳自箕營還現
三十日晴軍官權壽仁自巡營還使令吳千得卜馱領納

二十四日陰微雪軍官吳德璜自京下來

二十五日晴虞候牧使來見譯學李禮楤自京下來軍官安壽慶醫生朴泰云藥庫子韓命信瓊玉膏製來次定送正方使令田萬岳持封物定送箕營

二十六日晴軍官權壽仁褒貶同議次定送延營使令郭文興卜駄領納次定送京城

二十七日晴軍官沈能沃往江東虞候來見營吏金楷良各軍兵歲抄文書修啓次來現豊川府巳頭浦漂到人二十一名陸路入送而到本州止宿助泥萬户金得禧以領去差使員馳進除初謁禮呈公狀入見仍下直

全主簿来見
初五日晴 國忌正日 牧使来見 龍岡縣令金始淵自京
下来 歷過城外 備送畫物及飯供 全主簿辭歸 夜微雪
初六日朝陰晚晴 國忌齋戒 豊川防軍五名并與色吏
不待事推捉座首矣 該色玄采淳上使 故决棍十五度
座首待病差捉上之意 邑報題送 夜微雪
初七日陰 國忌正日 終日雪霏 卜物使令金永蘭定送
京城 平壤姜院長来見
初八日晴 國忌齋戒 軍官權壽仁自箕營還 歲儀色吏
李國亨自京還現 卜物使令李行明定送京城

次定送京城

十二月初一日晴 中宮殿發靷日也子時詣館所着衰服與虞候牧使行望哭禮而還各班[illegible]安及下人點考除禮隨營牌先入防所軍官安壽慶執事朴敏馥璸玉膏蹬藥後自正方還現卜物使令李應化朴龍孫定送京城

初二日晴 下玄宮日也巳時詣館所與虞候牧使行望哭禮而還各樣公事當日姑停軍官沈能沃自江東還

初三日晴卜物使令柳基永定送京城

初四日晴 國忌齋戒軍官權壽仁因事定送箕營鳳山

十二日陰微雪氣儀色吏安國叅卜物使令李七星方能
祿自京還現
十三日晴虞候来見本營餉穀盡入適藝幾手無穀自關
倉初並為查櫛刑囚不得不分排族徵而以輕價每石
二兩八戔収殺矣適漢丸名吏為從輕重嚴刑嚴棍而
幾畢者放送多數未畢者仍囚中營將校洪昌璘諸族
皆在載寧故族人所見處嚴刑事發關押送
十四日晴 中宮殿卒哭日也子時以白帽帶詣館所改
着衰服設香卓與虞候牧使行望哭禮後改着白布團
領烏帽帶而還虞候来見開閉門自當日鑼鼓舉行

初九日晴 國忌正日食後往見牧使暫話而還下物使
令方成大郭文典自京還現
初十日晴秋冬等褒貶 啓本封裹啓[illegible]金仁宅賫奉上
送番藥崔學修上京 平壤姜院長辭歸鳳山楚卯坊民
金得善姜就文等私打於之屯京旗手事因軍器寺關
棍十五度因徵報狀成送楚卯坪頭民崔顯壽聚黨私
打也隸事又因御營廳關刑一次取招報狀成送虞候
牧使來見使令金龍浩持書柬定送江東
十一日晴隨營牌先文防哨關回送 香差使員寧遠郡
守李寅教自京下來路來見

廵中軍不書題目狀 啓還下送事京撥過去
十九日晴軍官權壽仁定送箕營鳳山郡守李元慶馳進
入見備送飯供正朝方物貴納次色吏河應洛定送京
城
二十日晴鳳山郡守入見下直牧使來見森山僉使馳騐
根東里僉使石環淳馳進除公狀入謁仍下直清州金
書房 辭歸錢十五兩及草料成給
二十一日晴隨營牌先入防所候來[illegible]軍官張元植自
京還軍官權壽仁自箕營還龍岡縣令金始淵上京路
歷過城外備送飯供卜物使令李學明金永蘭自京還

十五日晴望 闕禮望哭禮病停虞候褊裨以下各班問
安及下人點考除之秋冬等褒貶柝榜虞候及文城僉
使李升運居中
大殿 大王大妃殿正朝 箋文各一筒封裹鎭撫姜薫
成賫送巡營軍官崔孝達自京由還因户曹卜定關
叅需代錢五百六十兩領納次鎭撫安在鵝定送
十六日晴清州僉書房 来見飯供
十七日晴陰持金陽禄持告訐使行中所去書東定送灣
府卜物使令柳基永自京還現
十八日陰朝微雪虞候来見箕營褒貶狀 啓以無中下

二十四日晴 國忌正日 鄭書房下來

二十五日晴 朴叅判長復渭原配所下去路歷過城外備送別味及飯供 就見暫話 牧使入見 回路歷入中營而還 朴叅判行中 民魚二尾 石魚三束 西草四斤 鰒鹽五斤 贐送 歲除迫近故 各撥所春等加料及各班給代進日 頒給各倉還穀畢封庫

二十六日晴 隨營牌出防使之除日前還歸 道內各軍兵歲抄代定事狀 啓及 御覽成冊粧褁 依例定驛子賫送巡營 勅庫貿銀事 自幕中曾有所托於蔡居睦書房下去灣府矣 銀子五百兩免爲出送 故看品入庫後

現

二十二日晴牧使来見軍官張元植巡營遆等問安次這

送東里僉使石璟淳正方別將鄭啓聽民于囑西鎮

城通還之當納者互相往復頃給城題乇為駭妄西鎮

將並為待令而初擬罷黜停當 啓草矣十分希酌始

置之自外還鎮事分付退送鎮撫姜薰成 箋文賫納

後自巡營還現清州金書房劉鳳山因病復還巽營袋

賬狀 啓改修正上疏上送事巽撥過去

二十三日晴 國忌齋戒軍官權壽仁因事上京虞侯来

見陪持金陽禄自灣府還現

下末

甲辰正月初一日晴虞候褊裨以下各班問安除之日出

以白布團領烏帽帶黑皮靴詣館所與牧使先行望

闕禮後改着裏服設香卓行望哭禮而還虞候來見各邑

驛鎮城呈正朝公狀并還送

初二日或晴或陰牧使來見蒜山僉使趙駿根正言別將

鄭啓甲馳進除公狀入見仍下直

初三日晴正朝坐起各班現謁及點考[illegible]權侍春操取稟

狀　啓月課未措備狀　啓封裏陪持吏學周賚奉上

送軍官張元植往新倉卜馱領去使令李學明定送京

銀價二千兩出給于睦書房四寸李書房
二十七日晴巡營正朝公狀呈納次持節宋德啓定送薦
擧單子封發守令薦白川郡守李學□假監役李僧宰
寧陵叅奉朴會臣邊將薦通政宋倫出身尹道善出身
趙文垣鳳山金主簿来見
二十八日晴虞候牧使来見軍官張元植自巡營還
二十九日晴虞候来見新倉色陳墳助糧倉色林重勲還
現各班重度現謁除禮只捧單子鎮撫安在魏戶曹下
之祭需代錢上納後還現本營褒貶虞候以有□□已
盡念灃校爲目中等書矣下考施行事兵曹回啓關

陪行次定送金川鄭書房 辭去方物色吏河應洛
使令黃德順自京還現
初九日晴位羅萬户權炳彦馳進除公狀私逕入見仍下
直牧使来見金叅判 學性 覲親次安州下去路入處人
吏廳備送別味以平服乘輿就見而還備送朝夕飯供
軍官張元植自新倉回還
初十日朝陰旋晴廣候牧使来見軍官張元植曰公幹定
送巡營全主簿寅駿来見
十一日晴 國忌齋戒全主簿騎兵價布中點次定送金
川所已萬户張哲漢馳進呈公狀入見仍下直執事趙

城
初四日晴牧使發行 巡營東里僉使君璟淳馳進除公
狀八見仍下直午登閱武亭射貫革三巡二中
初五日陰軍官安壽慶上京善績僉使安道源大峴别將
崔天岳馳進呈公狀八見仍下直
初六日晴堂徑告 訃使去月二十日北京離發事先来
軍官申量過去而勅使派定事書信来到
初七日晴使令方成大封物領納次定送京城巡幕金郎
廳東元往安州路八見飯供
初八日陰風雪霏霏 申量止營吏朴容喜鄭昌翕遠接使

新倉
十六日晴 纛祭齋戒蘇山僉使趙駿根善積僉使安道
源東里僉使石璟淳所已萬戶張哲漢正方別將鄭啓
甲俱以 纛祭差備官馳進
十七日朝陰晩晴 纛祭正日各差備僉使萬戶別將自
外下直九月別將胡禮臣馳進延 命禮使裨督受除
公私禮呈公狀入見仍下直賞試射使裨督監入格人
分等施賞上番騎兵狀 啓封畢踏 金陽祿貴奉上
送營吏崔夏玉騎兵中點次定送金川使令咸永達自
十
江東還現

容齋撥所摘奸後還現

十二日晴 國忌正日

十三日晴首陽別將金啓暲馳進迎◯禮使裨替受除公私禮呈公狀入見仍下直慈山府使趙忠植赴任之路馳進除公狀私逕入見備送別味及朝夕飯供

十四日晴牧使来見首陽別將金啓暲九月別將胡禮臣到任狀 啓及月課烏銃受来狀 啓封吏僧持金任宅賫奉上送使令戚永達之送江東

十五日晴望 闕禮以氣不平權停虞候褊裨以下各班下人問安及黜考除之軍官張亢植自巡營回還仍徃

二十一日晴文城命使權徘濟馳進延 命禮使裨替受
除公私禮呈公状入見仍下直
二十二日晴執事金履祚賀銀次定送平壤問禮官鄭校
理基世下去路入處鄉射堂備送別味以平服乘藍輿
就下處設三重席相等接見而還備送朝夕飯供陪特
叅學周白京還現
二十三日晴江東縣監金敬鉉赴任之路入處城外炭幕
備送飯供遠接使趙判書秉鉉下來時送裨到界問安
使禮吏呈五里程公状還送入處體仁閣備送別味進
支以烏紗帽白布團領黑角帶黑皮靴乘馬就下處呈

十八日晴將校趙相簡鳳山館所紅門材木烙給次定送

勅使正月　日發程事牌文過去陪持金仁宅使令方成大自京還現告　訃使十五日到衲事灣撥過去

十九日晴各庫還上分給頃回訓鍊都監闗金川砲保色吏定校押上矣中路遲滯云故該邑首吏又為押上事報狀陪持蔡學周定送

二十日晴虞候來見告　訃使十八日還渡江事灣撥過去年後就見本官而還從幕金東兗李光國自安州上去之路入見備送别味及朝夕飯供成給軍官草料以

送

次定送巡營

二十六日晴就見金叅判作別而還軍官沈宜夏爲見告
訃使辭往平壤執事蔡德仁告 訃使書狀官行中傳
喝次定送中和龜城府使李宅淵遆任上去路入處城
外炭幕傳喝往復備送飯供京居權書房 鐵山下
去路入處城外炭幕備送飯供

二十七日晴棋擲察訪來見陪持金陽祿蔡學周自京還
現中營新延下人等下直上京

二十八日晴軍官沈能沃爲見告 訃使辭往中和仍還
軍官沈宜夏自平壤徊還告 訃使直入營門下處決

公狀入見而還營吏崔夏玉自金川還現金郊察訪金
輩以遠接使夫馬差使員馳進除公狀私通入見仍下直
頃日軍器寺闌鳳山於之屯民事考狀中沉若故吏
報該寺畿內撤站查治事文移畿營陪持蔡學周定送
二十四日晴文城僉使權獜濟到任狀 啓封褁付撥上
送旗獜察訪金錫模以告 訃使夫馬差使員馳進除
公狀私通入見營吏朴容喜鄭昌侖遠接使陪行後自
中和還現軍官張元植自新倉回還
二十五日晴料射使兵裨督監入格人分等施賞軍官張
元植為見金參判往中和仍還軍官韓道爀到營問安

量雨雪霜

初二日朝陰晩晴辰時微雪暫霏陪持金陽禄因公幹定送京城

初三日晴軍官崔孝達巡使支勅雜營問安次定送軍官張元植上京使令林龍云卜物領納次定送京城鳳山金主簿辭去位羅萬戶權炳彦文山萬戶洪錫文馳進私還入見仍下直

初四日晴牧使來見執事趙容蘭巡使行中禮貌定奪次定送中路陪持蔡學周勅使探偵次定送義州

初五日陰

勝堂書状官徐校理相教入處人吏廳備送別味飯供
就見而還定州内行下去路入處城外炭幕備送晝物
飯供
二十九日晴 虞候本官来見猉獜察訪来見下直書状官
来見軍官韓道爀自巡營回還安營内行上去路入處
城外炭幕備送飯供
三十日晴 國忌齋戒 虞候牧使来見就見書状官作別
而還告 訃使離發上去清州金書房 辭去
二月初一日陰 國忌正日虞候褊裨以下各班問安及
下人點考除禮望 闕禮權停鳳山金主簿来謁戌時

城外閭舍少憩巡使李圭祊到五里程呈公狀還送及甲
冑出立依幕處 教諭書上龍亭遠望鞠躬先到鋪所
教諭書過時鞠躬祗迎巡使過時體祗迎使回班答揖與
廣候豊川府使祺攅察訪行延命禮閤上禮除禮
出西伺候公私禮亦除之 教諭書祗送後直詣下處
佩箇箇持馬鞭設单席方席入謁出體仁閣祺攅察訪
金錫模入謁談話而還金郊察訪金肇青丹察訪元錫
中支勅夫馬差負馳進私還入見
初九日晴 釋菜齋戒陪持金陽祿自京還現青丹祺攅
金郊丞来見陪 祭文差負文城僉使權攅濟馳進私

初六日朝陰晩晴牧使来見陪持金仁宅因公幹定送京
城登閱武亭射貫革七巡
初七日晴軍官崔孝達自巡營回還登閱武亭射貫革六
巡虞候来見午後就館所勅房修理及圍籬看審回路
見奉官而還安岳郡守南東晳支勅次馳進除初謁禮
呈公狀入見備送別味及飯供
初八日晴勅行今月初七日渡江義州止宿仍爲離發事
灣撥過去豊川府使金周熙支勅次馳進除初謁禮呈
公狀入見備送別味及飯供執事邈容簡禮貌寔定後
還現出待狀以到付題来故以白布笠布天翼騎馬出

岳倅入見而平安都事洪祐健下去試所路適到入見
叙話備送別味及飯供奉祭文差貟文山萬户洪錫文
馳進私還入見長淵縣監李㞧軍物差貟長連縣監成
元鎮撻扛差貟康翎縣監崔達洙馳進除初謁禮公狀
私還入見就見豊川倅鳳山郡守李元熈以支勅護行
将来到備送別味飯供
十二日晴鳳山郡守馳進私還入見巡使軍物習儀觀光
次登撫劒亭本官安岳鳳山倅入謁[illegible]營門備進煎鐵
移時談話而下 祭物差貟大峴別将崔天岳都領差
正方別将鄭啓甲馳進私還入見

還入見食後就巡使下處入謁出體仁閣本官入見回
、路見豊川倅而還牧使来見文化縣令以支勅都差使
負馳進除初謁禮公状私還入見備咨別味及飯供
殿牌明日移　安移次決勝堂
初十日晴　釋菜正日午時　殿牌移　安運籌軒以烏
紗帽黑角帶下庭鞠躬祗迎本官陪到奉　安午後就
巡使下處入謁出體仁閣見本官而還平山府使李仁
泳馳進私還入見兩時飯供陪持金仁宅自京還現
十一日晴軍官吳德瓚鎮撫黃石基館所及撤所摘奸次
定送金川食後就巡使下處入謁出體仁閣本官與安

驪峴境上戌時量灑雨

十五日陰 國忌正日虞候褊裨以下各班問安及下人點考除禮望闕 禮權停文城僉使文山萬戶正方別將大峴別將以支勅各差備入見仍下直軍官韓道爀自平壤回還迎勅次以無紋黑團領去胄褙騎馬出五里程巡使及守令察訪共至依幕處就謁申時量勅使到替馬所初巡打鼓出立幕外二巡打鼓 祭文上龍亭遠望鞠躬三巡打鼓倒班先導到紅門前印信直送營門前排留待三門外執事營吏通引吸唱馬頭各一人跟隨與各務差負立西庭巡察使立東庭 祭文及

十三日朝晴晩陰軍官韓道爀上来遠接使問安次定送
平壤號巡使下處入謁出軆仁閣見本官而還長連康
翎倅来見九月別將胡禮臣馳進私還入見仍下直上
来問禮官鄭校理基世入處鄉廳以平服乘藍輿設三
重席相等接見而還備送別味而時飯供豊川倅来見
昏後問禮官来見作別陪持恭學周勑使探偵自義州
還現
十四日陰 國忌齋戒金郊丞来見食後龍巡使下處入
謁出軆仁閣本官鳳山文化𤞞獜入見回路見豊川安
岳倅營吏劉命昊朴容喜鄭昌崙遠接使陪行次定送

後登閱武亭射貫革十巡使令林龍云自京還現
十七日晴 國忌正日 式暇齋戒刑貫射使兵禦督監
軍官吳德璜鎮撫黃碩基自金川回還
十八日晴 式暇正日
十九日晴海州軍保米裝發形止狀啓封裹付撥上送
回還冬至使行今月初一日自北京離發事先來交時
過去
二十日晴 式暇齋戒陪持金陽祿自京還現虞候明將
適歸次下直牧使來見陪持金仁宅回公幹定送京城
二十一日陰 親忌日也鷄鳴入內衙設位望哭追慕感

勅使過時鞠躬祗迎 祭文安于高足床上勅使至正
廳東壁西向立行香前後入拜禮畢而出坐外西伺候
改着白布團領烏紗帽黑角帶名貼給于首譯傳于兩
勅則並爲捧上仍欲接見巡察使節度使云故與巡使
入見兩勅而出仍詣遠接使下處體仁閣設單席方席
小話而還備送別味及朝夕進支陽德縣監徐貞淳以
關西軍物差員馳進入見仍下直棋攢丞來見下直
十六日晴 國忌齋戒早朝就見巡使作別轉詣遠接使
下處拜辭而還豐川安岳倅來見下直虞候以遠接使
都差員至鳳山落後陪持金陽祿曰公幹定送京城午

二十五日晴陪持金仁宅自京還現聞家兒增廣初試入
格虞候牧使來見料射使裨替監勅行今月二十四日
自京離發事回牌文過去陪持金仁宅持書柬送箕營
二十六日晴虞候今二十九日增廣別試武科試取次發
行谷山府安岳郡守南柬哲下勅文次馳進呈公狀
私還入見陪持金陽祿自京還現午後出北門外射帿
射貫革二巡陪持金陽祿軍器寺所呈報狀闊失委折
查實次與箕營陪持高長守同為[illegible]
二十七日晴午後出北門外射帿射貫革五巡
二十八日陰微雨霏霏軍官崔孝達自金川回還勅行酉

愴褊裨以下各班問安除禮自午時量細雨霏霏

二十二日朝陰晩晴新虞候申鍾命馳進延 命禮使兵

裨替受除公私禮呈公狀八見到任 啓封裹陪持

金陽祿賫奉上送虞候昏後開門擧行

二十三日晴 國忌齋戒虞候來見食後見本官而還營

吏劉命昊鄭昌崙遠接使隨陪後還現午後登閱武亭

射貫革五巡

二十四日晴 國忌正日虞候來見軍官崔孝逵伴送使

及巡察使行中問安次定送金川午後出北門外射貫

革十巡

三月初一日晴 國忌齋戒褊裨以下各班問安及下人
點考除之日出 諸 館所與牧使先行望 闕禮後行
望哭禮而還陪持金陽祿自京還現執事宋倫持勅銀
到平壤贈給後還現

初二日陰 國忌正日細雨霏微訓局三手錢畢捧報狀
上送訓校盧昌裕來見下直生肉二斤燒酒二鐥給送
巡營還營問安回往復除之

初三日陰晴送作虞候自谷山武試所還營仍為來見午
後出北門射臺射貫革九巡牧使明將發行巡營昏後

時到黃州伴送使李判書 若愚 到本州時呈五里程公
狀還送下處軆仁閣巡使下處齋安堂以平服就見巡
使更以帽帶詣伴送使下處入謁拜辭而還別味及進
支備送各下處
二十九日晴食前就軆仁閣本官入見詣巡使下處談話
作別而還安岳倅入見青丹察訪森山僉使東里僉使
丑方別將以下勅各務差貟中和替把後馳進入見仍
下直
三十日晴 式暇齋戒遂安倅入見下直使令金良淡卜
物領納次定送京城 殿牌還安館所下庭祗送還次

定送金川正方別將鄭啓甲來見仍下直陪持安寅龜
曰公幹定送京城
初七日晴虞候來見曰巡營甘結前首執事徐任溥會計
首色李賢培更爲起送各樣公事廢務牧使自巡營還
官仍爲來見關西掌試都事洪祐健上去路下處本州
備送別味及飯供
初八日晴 國忌齋戒陪持金陽祿自京還現陪持金仁
宅自義州還現夜暫雨
初九日陰 國忌正日虞候來見勅使初七日渡江入去
事灣撥過去執事尹道善有故以趙文垣更爲定送金

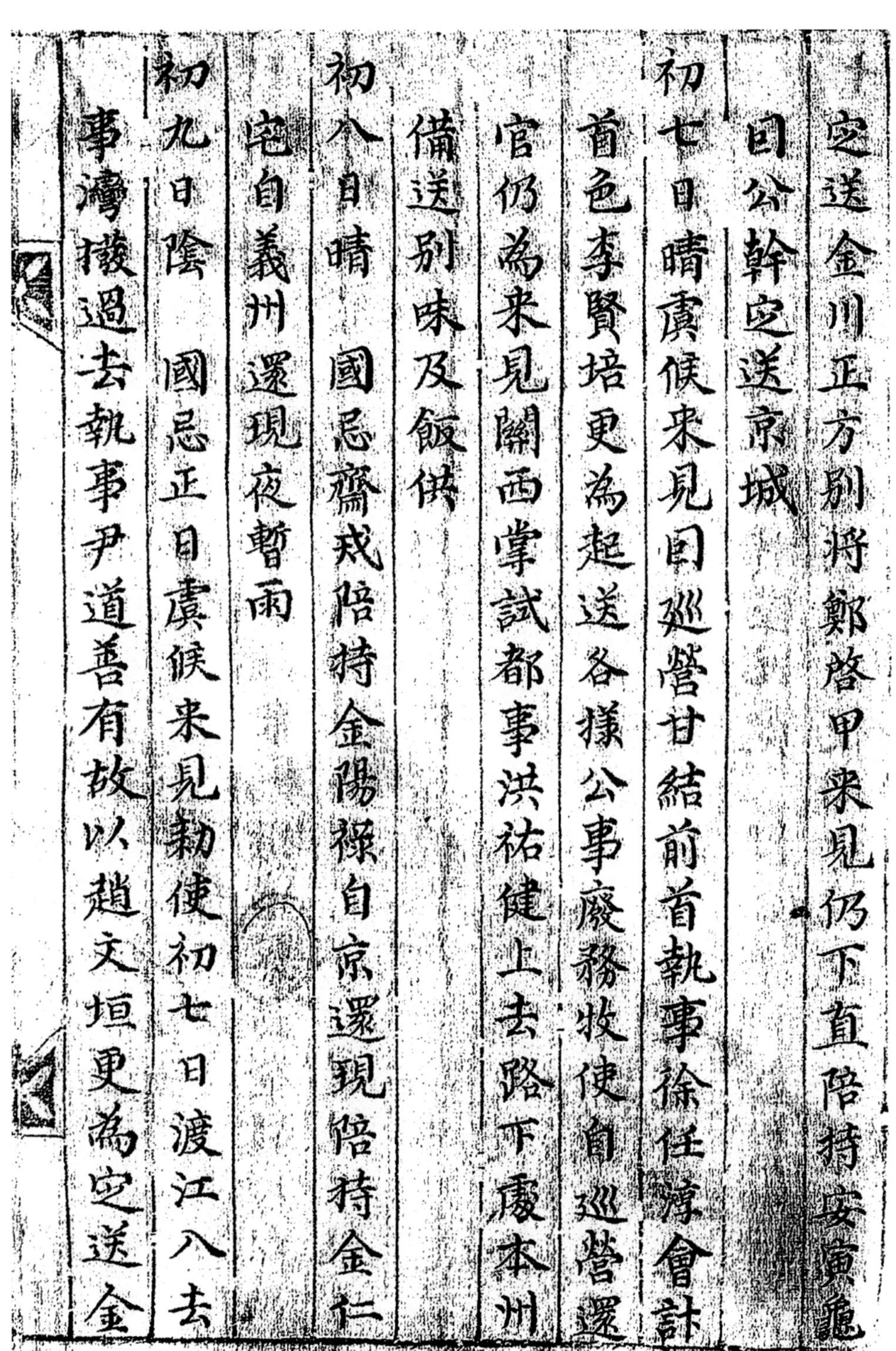

来見

初四日陰 國忌齋戒虞候来見曰巡営甘結首執事金

應燁鎮撫表弘輔會計色李晩韞并起送増廣武科初

試〻取状 啓封褁兵書議政府漢城府所呈榜目陪

持金陽禄賫奉上送巡営榜目亦謄子以送義州沈生

員上京路来見飯供

初五日晴 國忌正日沈生員辭去午後射貫革十巡曰

巡営甘結黄州民朴仁寛龍得珠鳳山民文思顔並起

送

初六日晴東風大吹執事尹道善訓錬都監石灰申飭事

文壇價布中點次定送金川長淵縣監李座都差員除
之將還官棋捧察訪回還使行期尚遠將還驛丞爲來
見自營備送別味射貫革八巡
十四日晴虞候來見金郊察訪金輦以伴送使行夫馬差
員來見射貫革十一巡
十五日晴望 闕禮權得虞候福祥以下各班問安及下
人點考除之自中營回巡營甘結軍路庫色朴永韶勒
庫色文尚郁別庫色表光會賑恤庫色金永煥助粮倉
色林景勳新倉色陳墳並捉上虞候來見
十六日晴金郊察訪來見關西 御賜差員博川郡守閔

川䔉山僉使趙駿根以本州設行雜科試官馳進来見

初十日晴牧使来見仍設上京射貫革五巡

十一日晴 武暇齋我虞候来見供狀察訪金錫模以回
還使行夫馬差員来見陪持安寅龜自京還現首執事
金應燁鎮撫表弘輔自巡営還現

十二日晴 親忌日也曉入内衙設位望哭追慕感愴虞
候来見長淵縣監李屋以伴送使行都差員来見執事
趙文垣尹道善訓鍊都監石灰船主處已為徵捧上送
並自僉川還現射貫革九巡

十三日晴軍官吳德璜伴送使問安次定送平壤執事趙

二十日晴虞候来見棋𤡬察訪吏爲馳追来見射帖草十
一廵
二十一日朝晴晩陰新使望筒下来營吏金楷良元錫五
回還使陪行次定送駒峴平山府使李仁泳以使行都
差負除公状来見備送飯供虞候棋𤡬察訪来見各班
遞等問安除之戒時量兩以卧還事道啓請罷備貶羅
拿
二十二日朝陰晩晴回還使明日到本州而既在廢務待
勘則公格擧行不可如例故問安軍官俾唱執事並置
之五里程公状使本州頃報軍官沈能爲其上房問

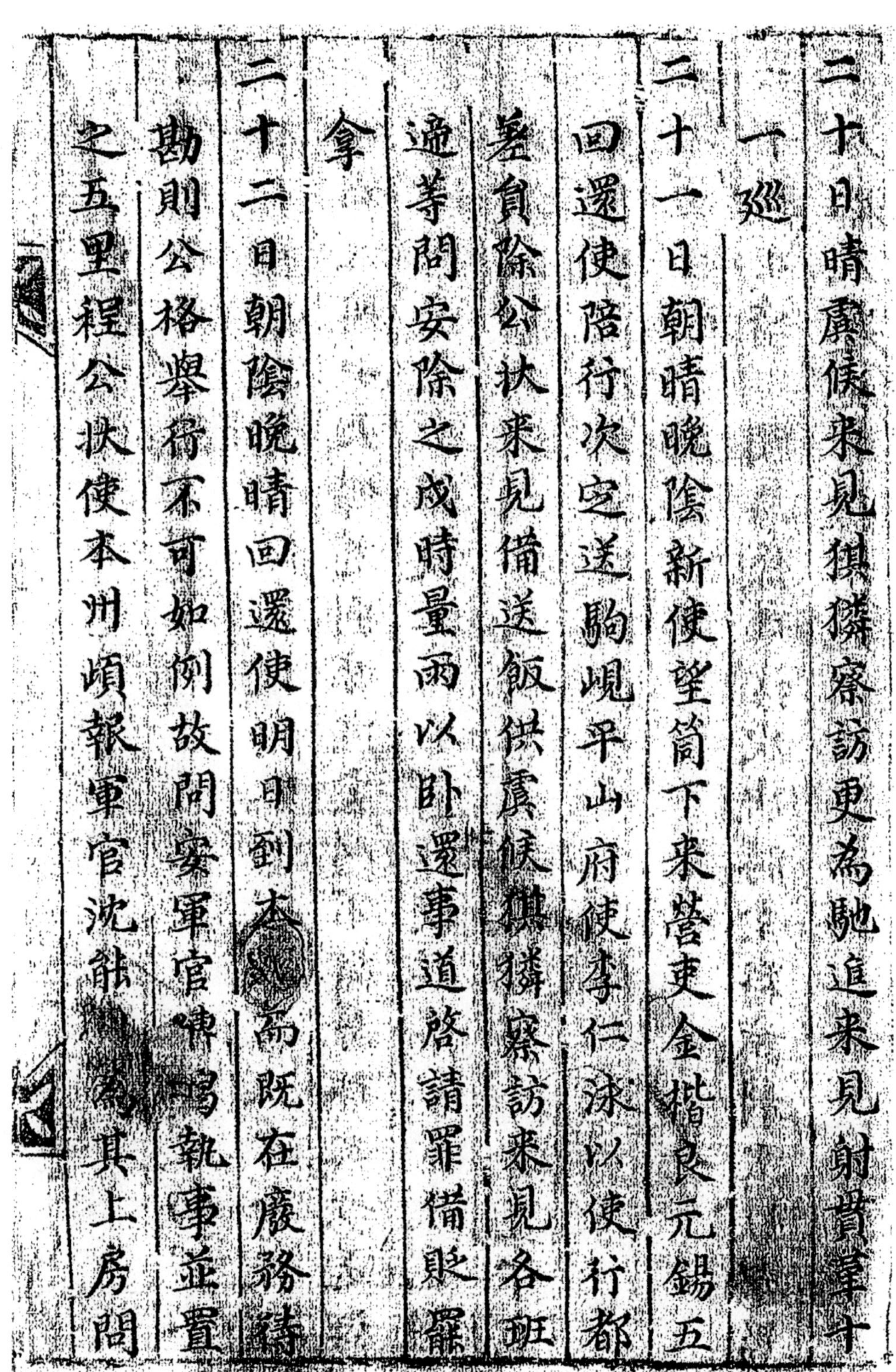

祥鏞来見仍爲辭去森山僉使趙駿根[illegible]御賬差員
来見伴送使李判書　到本州五里程僉摠還送以平
豚来扇興就卞處入謁備進別味及[illegible]丈
十七日晴虞候来見賞試射使之替監上番騎兵狀啓封
畢陪持金仁宅賚奉上送食後伴送使下處入謁伴送
使登月波樓備送別味復就謁拜別射貫革六巡
十八日晴射貫革十巡
十九日晴陪持金陽祿日公幹監送京城會計色李晚韞
自巡營還現前首執事徐仁淳會計首色李賢培并放
還射貫革十巡

二十六日晴 國忌正日使令金龍云金學成營奴偶奎

卜物領去次定送京城

二十七日晴 虞候辭往正方軍官韓道爀上京

二十八日晴 國忌齋戒陪持金仁宅還現聞家兒不成

之報喜幸無極虞候自正方来見高萬益與婢子上京

使令方龍孫卜物領去次定送京城二度告目使令韓

命達上京安州牧使金東獻上京之路馳進除公狀来

見備送別味進支于下處

二十九日晴 國忌正日

四月初一日陰卯量始雨終日霏灑望 闕禮權停褊裨

候往中和虞候平山来見
二十三日晴 國忌齋戒軍官沈能沃自中和還回還參
至正使李判書穆淵副使俞參判星書狀官金校理
鏞到本州中火備送別味進支以不得晋拜之意送裨
往復副使書狀臨發来見平山府使棋撈察訪来見辭
去新延營吏金在聲及通引馬頭吸唱羅卒等堂下直
陪持金陽禄自京還現
二十四日晴 國忌正日
二十五日晴 國忌齋戒移次决勝堂料試射虞候督監
入格人等施賞後来見

見成給軍官草料以送松禾縣監趙顚淳自平壤回路
入處城外炭幕傳喝往復備送飯供
初七日晴 國忌正日 虞候來見
初八日晴使令趙光辰封物領納次定送京城午後出北
城下射貫革三巡封物使令金學昇金就云自京還現
初九日晴虞候來見新使境上羅牢等及都房子下直
初十日晴虞候來見封物使令方龍孫自京還現
十一日晴虞候來見
十二日晴使令洪大一封物領納次下直上京慈山府使
趙忠植上京之路入處城外炭幕備送朝夕飯供全主

以下各班下人問安及縣考除禮虞候來現
初二日陰鎮撫李升祚正方助粮倉還分後還現
初三日晴虞候來見軍官崔孝達下直上京使令李益壽
隨往
初四日陰卯量始雨終日霏灑
初五日朝陰晩晴虞候來見使令方成大營奴致三卜物
領納次定送京城東里僉使石璟淳所已萬戶張哲漢
馳進除公狀私還入見仍下直新使兩度告目使令自
京還現新使內行陪來次鎮撫奴令等下直上京
初六日晴 國忌齋戒高山里僉使許秉遠任上去路來

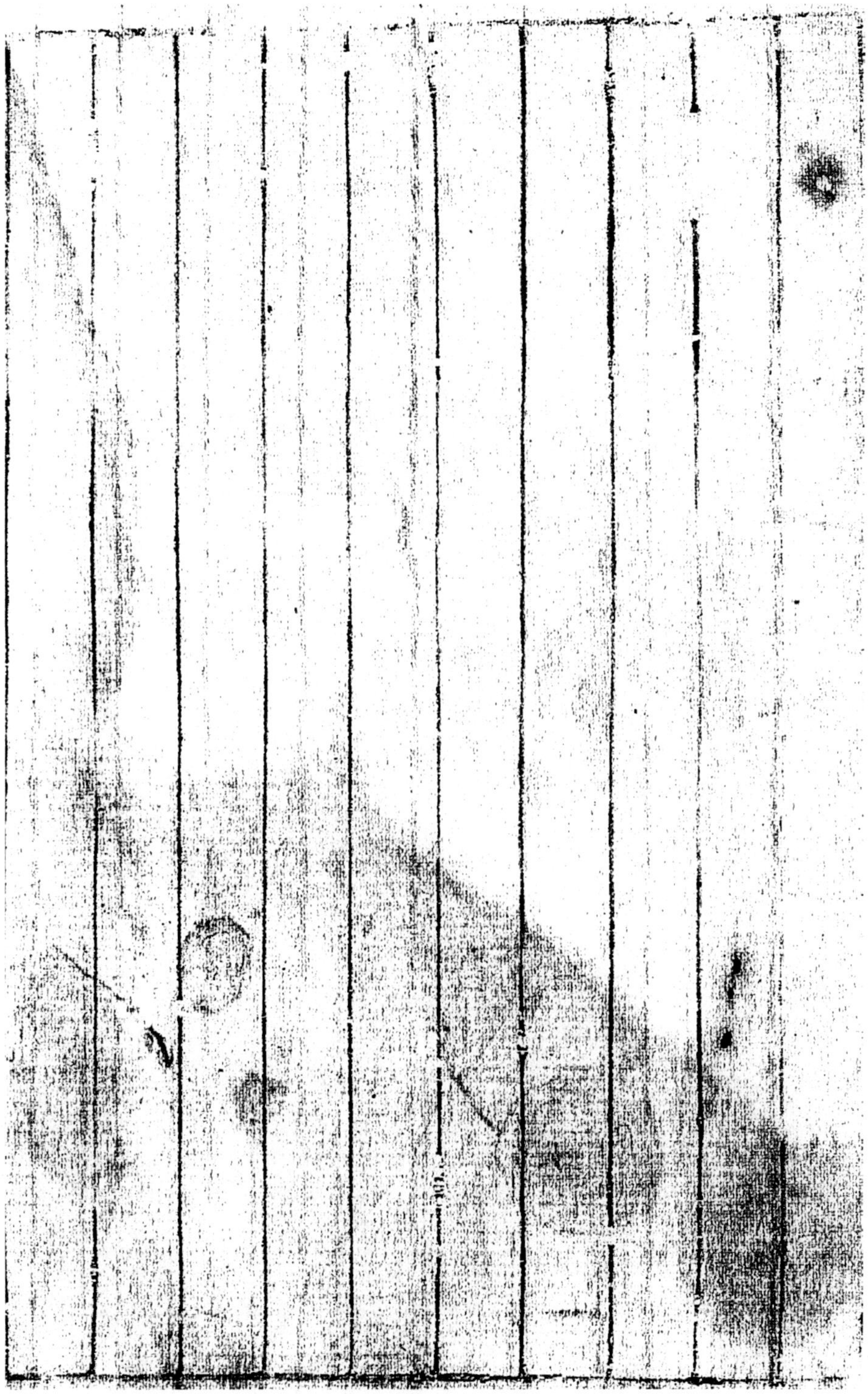

簿来見

十三日晴虞候来見蒜山僉使趙駿根正房別將鄭啓甲馳進除公狀私逕入見仍下直全主簿辭去

十四日晴　國忌齋戒虞候来見

十五日陰午量始雨終日霏灑　國忌正日望　闕禮權停褊裨以下各班下人問安及點考除之虞候来見

十六日陰宿雨霏微未量晴虞候来見新使中路下人等下直往鳳山

十七日晴虞候来見發送内行軍官沈宜夏偕往

강영일기

인쇄일: 2025년 12월 15일
발행일: 2025년 12월 25일
지은이: 민성호
발행인: 윤영수
발행처: 한국학자료원
서울시 구로구 개봉본동 170-30
전화: 02-3159-8050 팩스: 02-3159-8051
문의: 010-4799-9729
등록번호: 제312-1999-074호

잘못된 책은 교환해 드립니다.

정가 180,000원